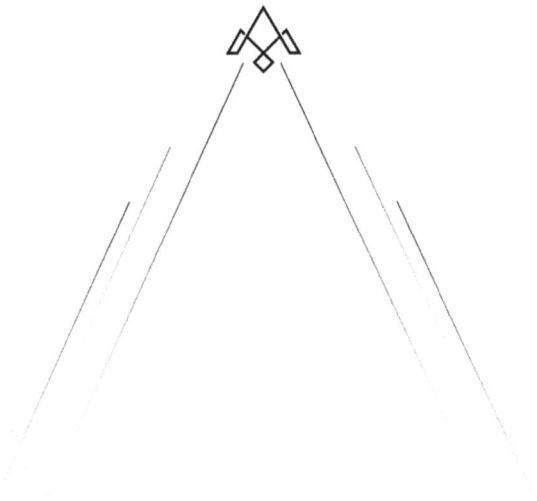

LLEGAR MÁS ALTO CON DIOS EN ORACIÓN

CÓMO CULTIVAR UN DIÁLOGO EFECTIVO

A.W. TOZER

Recopilado y editado por James L. Snyder

WHITAKER HOUSE Español

A menos que se indique lo contrario, todas las citas de la Escritura han sido tomadas de la *Santa Biblia, Versión Reina-Valera 1960*, rvr, © 1960 por las Sociedades Bíblicas en América Latina; © renovado 1988 por las Sociedades Bíblicas Unidas. Usadas con permiso. Todos los derechos reservados.
Textos en cursivas y negritas son énfasis del autor.

Traducción al español por:
Belmonte Traductores
www.belmontetraductores.com

Edición: Ofelia Pérez

Llegar más alto con Dios en oración
Cómo cultivar un diálogo efectivo
© 2023 por A. W. Tozer
Compilado y editado por James Snyder

ISBN: 979-8-88769-033-9
eBook ISBN: 979-8-88769-034-6
Impreso en los Estados Unidos de América.

Whitaker House
1030 Hunt Valley Circle
New Kensington, PA 15068
www.whitakerhouse.com

Por favor envíe sugerencias sobre este libro a: comentarios@whitakerhouse.com.

Ninguna parte de este libro puede ser reproducida o transmitida de ninguna manera o por ningún medio, electrónico o mecánico —fotocopiado, grabado, o por ningún sistema de almacenamiento y recuperación (o reproducción) de información— sin permiso por escrito de la casa editorial. Por favor, para cualquier pregunta dirigirse a: permissionseditor@whitakerhouse.com.

1 2 3 4 5 6 7 8 9 10 11 ⦿ 30 29 28 27 26 25 24 23

ÍNDICE

Introducción 7
1. Descubrir las dinámicas de la oración 11
2. Barreras para que la oración tenga respuesta 21
3. El reto de equilibrar nuestro ministerio de oración ... 31
4. La plataforma para una oración eficaz 41
5. Confianza en nuestra oración 49
6. El peligro de la oración no respondida 57
7. Cultivar la oración de anticipación 63
8. La oración como anticipación de una crisis 73
9. La oración para la gloria de Dios 81
10. Oración colectiva: la bendición de juntarnos 87
11. La serpiente que destruye nuestra oración 97
12. Condiciones para que la oración tenga respuesta 107
13. Cómo orar con éxito 117
14. Cosas que la oración hará por usted 125

15. Eche toda su ansiedad sobre Él 133
16. La bendición que reside en la oración 141
17. Dios obrando a través de nosotros 151
18. La sabiduría de Dios obrando a través
    de nosotros 159
19. Que Dios obre a través de nosotros no es
    un accidente 165
20. ¿Hay para Dios alguna cosa difícil? 173
21. Un hombre de oración 181
Acerca de los autores 191

INTRODUCCIÓN

No podemos entender a A.W. Tozer si no entendemos su vida de oración. Todo lo que hacía fluía de su tiempo en oración.

Una de las muchas cosas profundas que dice Tozer sobre la oración es que tenemos que "fundir nuestra vida de oración y nuestro caminar". Tristemente, a menudo me doy cuenta de que mi propia vida de oración y mi caminar son dos cosas completamente distintas. En nuestra oración, deberíamos comenzar a unir nuestra vida y nuestro ministerio y enfocarnos en Dios.

Este libro no es un libro de texto sobre cómo orar. Hay muchos de ellos en el mercado, y Tozer no tenía interés en eso. Tampoco es un libro que bosqueja un método fácil sobre cómo debemos orar o cuál debería ser la actitud de nuestras oraciones. No, este libro es un desafío directo a arrodillarnos y aprender a orar.

Tozer, a lo largo de su vida, se deshizo de cualquier cosa que comprometiera su ministerio de oración. Su oración no era solamente una obligación que realizaba para agradar a Dios, y tampoco era un ritual que llevaba a cabo para acallar su conciencia, sino que era un ministerio. Para Tozer, era un verdadero placer ascender a la mente de Dios en comunión.

A medida que editaba este libro, vi que Dios quiere usarme y obrar a través de mí, y mi oración es el canal a través del cual Dios puede hacer eso. Es como la escalera de Jacob: la escalera asciende y también desciende. Eso significa que podemos subir a la presencia de Dios, y que Dios puede descender a nuestra situación. Es nuestra vida de oración lo que une las dos cosas.

La cita más importante de este libro viene de Miguel de Molinos (1628-1696), quien dijo: "La oración es una ascensión o elevación de la mente hacia Dios". Así es como veía Tozer su vida de oración.

Algunas cosas que usted leerá aquí le incomodarán al principio. Esa reacción nunca le molestó al Dr. Tozer. Si le gusta todo lo que hay en este libro, el Dr. Tozer probablemente pensaría que no lo ha leído. Lo que él dice no es compatible con la cultura popular, ni siquiera con la cultura de la iglesia actual. Por desgracia, muchos en la iglesia hoy día intentan alinear su vida de oración con el mundo que nos rodea.

Tozer deja muy claro que Dios no escucha todas las oraciones. Esto lo tienen que entender hoy las personas, particularmente en la iglesia. La persona que no es salva no tiene una vía hacia Dios. Solamente a través de Jesucristo es como alguien puede tener acceso a Dios. Solo porque usted ore no significa que Dios le vaya a prestar su oído.

Como cristiano, tengo que concentrarme en descubrir la voluntad de Dios diariamente y después alinear mi vida con esa voluntad. Dios deja muy claro que, si nuestra oración está basada en la razón o en el conocimiento, no nos llevará a ninguna parte. Dios no podrá obrar a través de esa oración.

Este material proviene de una excelente colección de sermones en los que Tozer destaca que la mayor maldición para la iglesia hoy día es la oración sin respuesta. Lo que más le molestaba era que a la mayoría de los cristianos eso no les importe. No saber orar es uno de los principales obstáculos en nuestra vida cristiana, y este libro trabaja para superar ese obstáculo.

Hay muchas bendiciones que vienen con la oración, pero también la sumisión perfecta. Nuestra vida de oración es un verdadero reflejo de nuestra comprensión de quiénes somos en Cristo, y si Jesús oró a su Padre: "no sea como yo quiero, sino como tú" (Mateo 26:39), nosotros también debemos hacerlo.

Este libro ayudará a cultivar una vida de oración desesperadamente necesaria, o un diálogo con Dios, en el cristiano de hoy. El desafío de Tozer para nosotros es el siguiente: ¿son nuestras oraciones hoy más eficaces y poderosas que lo eran hace un año atrás?

Hay un capítulo incluido de la biografía de Tozer, *Un hombre de oración*, que demuestra que la oración era el sustento de todo su ministerio y de su vida.

—Dr. James L. Snyder

1

DESCUBRIR LAS DINÁMICAS DE LA ORACIÓN

Y despertó Jacob de su sueño, y dijo: Ciertamente Jehová está en este lugar, y yo no lo sabía.
Génesis 28:16

El aspecto más importante de la vida cristiana es la oración. Es el arma más potente que tenemos ante nosotros en la guerra espiritual en este mundo. Todo cristiano está definido por su vida de oración, y si no estamos viviendo en oración, no estamos experimentando la vida que Dios tiene para nosotros.

Desde el momento en que me hice cristiano, invertí mi tiempo en la oración. En ese entonces no sabía mucho sobre la oración, pero con el transcurso de los años he descubierto las maravillosas dinámicas relacionadas con ella. Me identifico con lo que experimentó Jacob.

Todo cristiano cree en la oración, pero son pocos los que realmente viven las dinámicas de una oración bíblicamente enfocada. La oración no es un ritual o musitar frases; más bien, es experimentar la asombrosa presencia de Dios. De esta presencia fluye una vida de victoria y agrado para Él.

Lo que me molesta es que muchos cristianos no entiendan cuán poderosa es la oración y no se lo tomen en serio. Se reemplaza la oración por obras, programas, o métodos. Creen que, si tienen el método correcto, entonces Dios responderá su oración.

Sin embargo, lo importante que he descubierto como cristiano es que, si no puedo conseguir algo a través de la oración, entonces no se puede hacer por la gracia de Dios. Creo que la persona que descubrió esto fue Jacob. Pero si pudiera escoger entre ser amigo de Jacob o de su hermano Esaú, escogería a Esaú. Esaú era un hombre hecho y derecho. Era cazador y prestaba mucha atención a las cosas que hacía. Era el hijo favorito de su padre.

Jacob, por el contrario, era un niño de mamá atado a las cuerdas de su mandil. No parecía tener lo necesario para ser la clase de hombre que era su hermano. Estos gemelos eran tan opuestos como el día y la noche.

Un día, Jacob engañó a su padre y a su hermano, mintiendo y robándoles, y después tuvo que irse de la ciudad. Su madre lo envió con su familia para que encontrara allí una esposa, pues no quería que se casara con una mujer cananea. Debido a esto, Esaú, desafiando a su madre, decidió casarse con una cananea.

Sin embargo, al ser un niño mimado, bajo las instrucciones de su madre Jacob huyó al hogar del hermano de su madre, donde encontraría una esposa para agradarle. Cuando Jacob huyó de la ira de su enojado hermano, en medio de un desierto vio una escalera que salía de la tierra. Si Jacob se hubiera quedado en casa en buena compañía, guardando la casa y ayudando a su madre, nunca habría visto la escalera. Su debilidad condujo a la comunión con Dios.

El pecado siempre está mal y, si insistimos en rebelarnos contra Dios, nos meteremos en serios problemas, pero recuerde que si usted es de Dios y le pertenece, habrá aprendido el arte del verdadero arrepentimiento. Dios incluso convertirá su derrota en una victoria. Un Jacob que huye verá una escalera, mientras que su hermano Esaú corriendo por ahí, cazando y llevando buena comida para agradar a su padre, nunca verá esa escalera.

Esta fue una experiencia con Dios en la que Jacob no había pensando nunca. Mientras viajaba se cansó, y al final del día tomó una piedra, se acostó, y se dispuso a dormir. Mientras dormía, Dios le dio un sueño de unos ángeles que subían y bajaban por la escalera.

Lo que más aprecio de esta historia es el hecho de que, cuando Jacob despertó del sueño, declaró: "Ciertamente Jehová está en este lugar, y yo no lo sabía". No sé qué tipo de persona era, espiritualmente hablando, pero creo que este sueño lo transformó. Experimentó la presencia de Dios, y eso cambió su vida y lo preparó para lo que enfrentaría el resto de sus días.

Al meditar en la Escritura, veo varios aspectos importantes sobre esta escalera de oración. Asciende y desciende. Esto es importante. El ascenso es una ilustración de que nosotros tenemos acceso a Dios. No creo que Jacob entendiera esto en aquel entonces, e incluso hoy día la mayoría de los cristianos no entienden que la oración es, en primer lugar, acceso a Dios. Es la clave para los tesoros del cielo, que nos da lo que Dios tiene para nosotros y nos capacita para hacer lo que Él quiere que hagamos.

Hay un peldaño tras otro, y tras otro; los peldaños suben y después bajan.

En las escaleras de subida tenemos que entender que, cuanto más cerca estamos de Dios, más lejos estamos del mundo. Esto es algo que muchos cristianos no entienden y no han experimentado. Desde la perspectiva de Dios, la verdadera oración nunca puede mezclarse con el mundo, y la clave para esto es una separación total entre el mundo que me rodea y mi experiencia de oración. Jacob aprendió que, si quería tocar a Dios, tenía que estar apartado.

Eso es exactamente lo que hizo esta escalera. Elevó a Jacob de este mundo y lo llevó a la presencia de Dios, introduciéndolo en un mundo que nunca podría haber imaginado.

Hoy día, muchas iglesias creen que, si adoptan los métodos que utiliza en mundo de los negocios, pueden construir una iglesia mejor. Si tenemos que usar métodos o programas de los negocios para edificar la iglesia, hemos apartado al Espíritu Santo. Cualquiera puede levantar una organización, una religión, y todo lo que eso conlleva, pero solamente el Espíritu Santo puede edificar la iglesia. Y este ascenso es el proceso de separarnos del mundo y enfocarnos por completo en Dios en lo alto.

Cuando Jacob despertó de su sueño, entendió que lo que había experimentado era algo sagrado. De nuevo, tenemos que entender que la oración no es meramente un proceso o un programa, sino una actividad sagrada y santa. Tenemos que comprender la idea de que es comunicación con Dios según sus términos, no los nuestros. Como dijo Jacob: "Ciertamente Jehová está en este lugar, y yo no lo sabía". Podemos estar orando cuando de repente nos encontramos subiendo por la escalera, experimentando la presencia de Dios y viendo por primera vez algo que no sabíamos que estaba ahí.

Demasiados cristianos tienen la idea de que pueden seguir adelante solamente añadiendo la oración a sus rutinas diarias normales. Eso no es cierto, sino que es una mentira del enemigo. La oración no es algo que añadimos a nuestra vida. Más bien, es algo a lo que ascendemos. El resultado de la verdadera oración es experimentar la presencia de Dios en reverencia y asombro según sus términos.

Si tengo que apoyar mi vida de oración con ideas y actividades del mundo, no entiendo la esencia real de la oración. La oración es descubrir la presencia de Dios de un modo que no conocíamos antes. No podemos orar de verdad sin experimentar a Dios.

Por supuesto, esta escalera ascendente habla del hecho de que hay varios niveles de oración. A medida que maduro en mi experiencia cristiana, también voy desarrollando mi habilidad para orar. Mi habilidad para dejar atrás el mundo y entrar en la presencia de Dios no es algo que se produce de la noche a la mañana. No es algo que sucede por sí solo. Es algo proactivo por nuestra parte como cristianos. Debemos darle la espalda al mundo y enfocarnos en el Dios del cielo.

La escalera no solamente asciende, sino que también desciende.

La escalera ascendente significa que podemos dejar el mundo y entrar en la presencia de Dios. La escalera descendente significa que Dios puede descender a nuestra presencia.

No pensamos mucho en esto. Uno de los grandes deseos de Dios es descender entre nosotros. Así como nosotros subimos a la presencia de Dios, Él ahora quiere descender a la nuestra y llenar nuestra vida de la maravillosa sensación de su presencia.

Por eso Jacob dijo: "Ciertamente Jehová está en este lugar, y yo no lo sabía". Cuando comenzó a entender y conocer la presencia de Dios, su vida estaba a punto de cambiar más de lo que jamás había entendido. El Jacob que conocemos después de esta situación es el Jacob que experimentó a Dios.

Mi vida de oración no es solamente algo que hago; más bien, es algo que experimento. Si le preguntara usted a cualquiera: "¿Cree en la oración?", la mayoría respondería: "Sí, creo en la oración". Entonces, si preguntara: "¿Ha experimentado la oración?", la mayoría le miraría con una mirada inquisitiva y asentiría con la cabeza sin saber bien a qué se refiere usted.

El problema es que la mayoría no ha experimentado la oración como Jacob la experimentó aquí. La mayoría de las personas lo hacen por inercia sin el descenso de la presencia de Dios. La oración no es meramente emocional, sino también experiencial.

Cuando Juan el Bautista bautizó a Jesús, una paloma descendió del cielo y se posó sobre Él. Eso fue un símbolo del Espíritu Santo descendiendo sobre el Señor Jesucristo como preparación para su ministerio. Necesitamos tener el poder y la presencia de Dios descendiendo también sobre nosotros, y si no lo tenemos, nuestra experiencia cristiana, especialmente nuestra vida de oración, será insípida y carente de un verdadero poder.

Yo quiero el cielo en mi vida. Quiero que la gloria del cielo brille en mí y a través de mí.

Con mucha frecuencia, como cristianos nos enredamos tanto en el mundo, que vamos arrastrando los pies, pero lo que Jacob experimentó es lo que tenemos que experimentar nosotros también. Jacob no era la persona perfecta y aún le faltaba mucho recorrido, pero ahora iba en la dirección correcta.

Los cristianos tenemos que ir en la dirección correcta, y la oración abre camino hacia adelante a medida que experimentamos la presencia de Dios. Su presencia no tiene solamente un lado, sino dos. Nosotros subimos hasta Él, y Él desciende hasta nosotros. Y esa interacción es magnífica al caminar en el poder del Espíritu Santo.

La mayoría de los cristianos intentan lidiar con el mundo acomodándose a él y asegurándose de que la cultura no se ofenda con lo que dicen o hacen; por lo tanto, han dejado de vivir la vida cristiana radical del Nuevo Testamento. Sin embargo, si estoy caminando en el poder del Espíritu Santo ofenderé casi a todas las personas que conozco. La razón de esta ofensa es que las personas le han dado la espalda a Dios, lo cual, desgraciadamente, está sucediendo incluso en las iglesias hoy día. Hemos permitido que el mundo, particularmente Hollywood, defina el cristianismo y a Cristo. Yo no quiero tener nada que ver con el Cristo de Hollywood.

Tenemos que entender lo que Jacob experimentó cuando dijo: "Ciertamente Jehová está en este lugar, y yo no lo sabía". Cuando llegamos al punto de saber que Dios está en nuestro lugar, nuestra vida comienza a cambiar.

Lo más esencial en mi vida como cristiano es la oración, pero no la oración según el entendimiento del hombre. Es una oración en armonía con el ascenso a la presencia de Dios de tal modo que nos separa del mundo. Esta experiencia de oración nos define.

Yo no respondo ante el mundo. No me conformo al mundo. Entiendo lo que significa la verdadera oración y cómo me separa. Esta es la única forma en que puedo experimentar las dinámicas de la verdadera separación espiritual. Quiero examinar esto con la mayor profundidad posible para motivar nuestro corazón a tener una pasión por la oración como nunca antes la hemos tenido.

Después de que Jacob tuvo este sueño de la escalera, dijo: "¡Cuán terrible es este lugar! No es otra cosa que casa de Dios, y puerta del cielo" (Génesis 28:17).

Lo que Jacob entendió ahora fue que la oración es la puerta del cielo. La oración es lo que nos lleva donde Dios quiere que estemos para que Él pueda obrar en nuestra vida como Él quiere. Yo no le digo a Dios lo que tiene que hacer. Esa es una tentación que todos tenemos. Sin embargo, tengo que llegar al punto en el que asciendo a su presencia y le permito descender a mi presencia cuando Él quiera. Y, cuando eso suceda, comenzaré a ver cosas que nunca antes había visto. Las veo desde la perspectiva de Dios.

La verdadera oración cultiva en nosotros una sagrada reverencia y santidad. La verdadera oración me lleva donde Dios quiere que esté. Me abre todos los recursos del cielo que necesito, para ser todo lo que Dios desea que sea.

Podemos emplear nuestro tiempo en oración, pero nos tiene que motivar hasta tal punto que nos quedemos atrapados en la presencia de Dios. Cualquier cosa que no llegue a eso no es digna de nuestro tiempo.

Oh Dios, anhelo anhelarte todos los días de mi vida. Dame la fuerza que necesito para dejar a un lado el mundo a fin de poder disfrutar de tu presencia en mi vida. Te lo pido en el nombre de Jesús, amén.

2

BARRERAS PARA QUE LA ORACIÓN TENGA RESPUESTA

*Por nada estéis afanosos, sino sean conocidas
vuestras peticiones delante de Dios en toda oración y ruego,
con acción de gracias.*
Filipenses 4:6

Cuando comencemos a entender las dinámicas de nuestra vida de oración, apreciaremos las palabras del apóstol Pablo cuando dice: "en toda oración". Esto fue lo que el Espíritu Santo le dijo a Pablo que escribiera, y lo que nos enseña hoy.

Creo que Jacob entendió eso cuando dijo: "Ciertamente Jehová está en este lugar, y yo no lo sabía". Hasta ese momento, Jacob creía que estaba en control de su vida y no necesitaba a nadie más; sin embargo, cuando descubrió las dinámicas de la oración fue cuando su vida cambió. Todavía le quedaba un largo viaje que hacer, pero al menos ahora iba en la dirección correcta.

Creo que esta experiencia lo preparó para esa noche de pelea con Dios que cambió su vida para siempre (Génesis 32:22-32). Jacob había encontrado la respuesta para lidiar con los problemas de la vida.

Creo que "en toda oración" es una frase destacable. Es la clave para el tesoro oculto de Dios y confirma que todo lo que Dios tiene es nuestro. Por desgracia, los cristianos no disfrutan de todo lo que Dios tiene para ellos porque no saben que les pertenece, o porque no han practicado esta frase por sí mismos.

Comprender que Dios ha provisto un tesoro oculto y lo ha puesto a nuestra disposición es uno de los mayores descubrimientos de la vida cristiana. "En toda oración" es una técnica infalible para una oración de éxito, y debería ser la piedra angular de cada iglesia, de cada púlpito, y de cada salón de juntas. De hecho, en cada salón de juntas yo sugeriría cuatro de estos eslóganes, uno para cada pared, y lo suficientemente grandes como para que, mire donde mire cualquier miembro de la junta, pueda verlo.

Quiero explorar porqué la oración es la clave para todo lo que hacemos en la iglesia de Dios. No es simplemente que el Señor lo dijo y por eso usted lo cree. Hay una razón y un propósito por los que Él lo dijo que usted debería entender.

Hay dos reinos: el reino del hombre, y el reino de Dios. Ambos coexisten y en cierta medida se mezclan, pero no mucho. Se tocan y viven el uno al lado del otro, y es el reino del hombre en el que nacemos. Cuando el médico dice "es un niño" o "es una niña" llegamos al reino del hombre, lo cual significa que estamos exiliados y en rebelión contra Dios. Somos caídos.

Todos nacimos de padres caídos en una sociedad caída. Los miembros de esta raza caída no están de acuerdo entre sí muy a menudo, pero sí estarán de acuerdo en varias cosas. Por ejemplo, Herodes y Pilato habían sido enemigos pero se juntaron cuando apareció Jesús. Al juzgar a Jesús, se volvieron a hacer amigos. No estaban de acuerdo en ciertos asuntos políticos pero se juntaron en esto: no iban a tener nada que ver con Él. Igualmente en el mundo, tenemos a Occidente contra el Oriente, raza contra raza, partido político contra partido político, y todo tipo de divisiones más. Pero eso son solo cosas locales. La verdadera batalla es el reino de Dios contra el reino el del hombre.

Permítame explicar aquí las que creo que son las barreras básicas para que una oración obtenga respuesta. Tenemos que lidiar con ellas, o nuestras oraciones nunca recibirán respuesta.

La primera es la **autosuficiencia humana.**

Creemos que somos suficientes por nosotros mismos. De vez en cuando, usted encontrará a alguien muy angustiado que va por ahí sin tener un gran concepto de sí mismo; sin embargo, si lo presiona un poco, sabrá después de un tiempo que tiene una alta opinión de sí mismo y de sus habilidades. Incluso si no tiene una alta opinión de sí mismo, sí la tiene de la humanidad y cree en lo que ellos llaman la sabiduría instintiva de la raza humana.

Los grandes filósofos hablan sobre la sabiduría instintiva de la raza humana, mientras que Dios dice que la raza humana tiende a la necedad. Dios dice que somos necios, mientras que los hombres dicen que somos sabios. Dios dice que nos comportamos como niños necios y que no sabemos mucho más que un buey. El buey conoce su casa y sabe cómo regresar a ella. En algunos aspectos, ni siquiera somos así de sabios. Un pájaro sabe cómo volar a casa, pero nosotros no sabemos dónde está nuestra casa espiritual, y no conocemos la mano que nos alimenta; por lo tanto, no somos suficientes para nosotros mismos.

Algunos dicen que, si cultivamos pensamientos positivos, podemos lograr cualquier cosa. Si eso fuera cierto, ¿por qué tenemos que convertirnos? ¿Por qué necesitamos al Espíritu Santo en nuestra vida diaria?

La mayor desgracia de la raza humana es creer que podemos conseguirlo por nosotros mismos.

Después, está la **solidez de los juicios morales.**

Creemos que sabemos distinguir lo bueno de lo malo. Por supuesto, la raza humana cree que pueden producirse pequeños errores de vez en cuando, puede haber un delincuente juvenil que aparezca de vez en cuando, pero en su mayor parte sabemos lo que está bien y creemos en la solidez de nuestros juicios morales.

Todo el mundo tiene la intención de hacer el bien. Eso parece ser un eslogan de la humanidad. Claro que todos cometen errores, pero no deberíamos pedir cuentas a nadie de sus errores porque esa persona tenía buenas intenciones.

Nuestros juicios morales hoy están basados en una sociedad depravada. Lo único que usted tiene que hacer es leer nuestra historia, y se dará cuenta de que las decisiones de la humanidad han causado todo tipo de dolor y agonía en nuestro mundo. Adán y Eva eran personas perfectas y creadas por Dios, y sin embargo, su juicio moral falló. Verdaderamente no podemos distinguir lo bueno de lo malo.

Muy relacionado con nuestra creencia en la solidez de nuestro juicio está nuestra creencia en la **justicia humana**. Creemos que los seres humanos son correctos y buenos como una regla moral.

Sin embargo, yo creo en la maldad básica de la raza humana. Eso puede sonar duro, pero a menos que entendamos que la humanidad es malvada, nunca nos esforzaremos por resolver nuestros problemas. Solamente a través de Jesucristo se pueden resolver nuestros problemas.

No creo en la justicia de la humanidad o en la bondad de la gente, a menos que Dios nos ayude. A menos que Dios esté entre nosotros, y a menos que nosotros entremos en el reino de Dios, las personas no serán buenas. Por naturaleza, son malas.

Pero, sin Cristo, las personas no creen esto. Se aferran a creer que pueden llegar a ser justos por sí mismos. Sin embargo, la Biblia dice: "No hay justo, ni aun uno".

Está el reino del hombre, que está dominado por Satanás. Tiene el favor de Satanás; una historia, familiaridad y éxito visible. Todo es la carne, de la carne y para la carne, y está dedicado a la carne en este mundo pasajero. Todo lo que tiene que ver con él separa al hombre del reino de Dios.

El reino del hombre no tiene esperanza sin Jesucristo. Y, mientras la humanidad crea que puede manejarlo todo, seguirá sin tener esperanza. Por lo tanto, ¿dónde está su oración, y a quién está orando?

El éxito de cualquier iglesia está en su oración. Podemos engañarnos a nosotros mismos con mucha facilidad, pero la pureza, el poder, la espiritualidad y la santidad tendrán un paralelismo con nuestra oración. Usted podría hacer ese tipo de gráficas que les encanta hacer a los empresarios y los políticos, con dos líneas rectas. Una línea estaría marcada como *Oración*, y la otra como *Espiritualidad*, y esta última incluiría pureza, poder, y santidad. Usted vería que esas dos líneas de la gráfica tal vez hacen un poco de zigzag, pero avanzan de forma paralela, casi perfectamente. Mi espiritualidad depende de si hago todo mediante la oración o si creo que puedo hacerlo por mí mismo.

Nadie tiene derechos bíblicos para enseñar una clase de escuela dominical si no lo hace en oración. Si no es un hombre de oración, no será un hombre que pueda enseñar, porque ningún hombre puede enseñar algo que él no es. Tal vez puede intentar enseñar a la clase sobre la verdad, pero eso no les hará ningún bien, y tampoco le hará ningún bien a los demás.

El maestro siempre tiene que ser una persona de oración. Nadie debería buscar aconsejar a otros si ella o él mismo no es una persona de oración. Nadie debería servir ni siquiera en el puesto más humilde de ninguna iglesia a menos que sea una persona de oración. Al menos en algún grado de regularidad, una persona que no practica la oración nunca debería aceptar un trabajo en ninguna iglesia. Los diáconos y ancianos son seleccionados porque son personas espirituales, y si no son personas de oración, no son personas espirituales. Nadie debería sentarse nunca a discutir sobre los asuntos de la iglesia con un cuerpo santo a menos que sea una persona de oración.

Solamente estoy predicando una regla que podemos ver en cualquier lugar donde miremos. Dondequiera que se encuentre la iglesia de Cristo, tiene que orar o su servicio será madera, heno y hojarasca.

Para que nuestro ministerio tenga éxito, debemos separarnos radicalmente del reino del hombre. No debemos servir al reino del hombre, sino más bien servir al reino de Dios. Esto es difícil de entender para muchos cristianos.

Servir al reino de Dios significa que todo lo que hagamos, lo hagamos en oración. Si no soy un hombre de oración, mi predicación no hará mucho bien. Si no soy un hombre de oración, lo que escriba no servirá de mucho. George Mueller dijo: "No entraré rancio en el púlpito. No entraré seco en el púlpito. Si voy a hablar en algún lugar, espero en Dios y espero que la gracia de Dios fluya en mi alma antes de atreverme a dirigirme a nadie".

Una vez que descubra las dinámicas de la oración, será algo que afecte todos los aspectos de mi vida. Nada en mi vida tendrá energía si no tengo una vida de oración; por lo tanto, tengo que lidiar con cualquier barrera si quiero que mi vida de oración se mantenga victoriosa.

Necesito reconocer que hay barreras, y tengo que mirar esas barreras en mi propia vida y comenzar a tratar con ellas. Puedo mirar a alguien y juzgarlo, pero ¿qué bien hace eso?

Lo más importante en mi vida tiene que ser mi vida de oración; por lo tanto, rendiré todo en mi vida para dejar que las dinámicas de la oración me dirijan hacia adelante y hacia arriba hasta la presencia de Dios.

Si queremos que nuestra iglesia sea abundante, fructífera, y llena de Dios, tenemos que aceptar la filosofía del Espíritu Santo "en toda oración". Tenemos que aceptar la técnica del Espíritu Santo "en toda oración". Tenemos que aceptarlo como una regla para todos, desde el recién convertido hasta el santo más longevo de la iglesia.

"En toda oración". Tomaré esta frase como mi eslogan. Nunca intentaré manipular, sino hacer todo en oración, oración, oración, pidiendo que el poder de Dios, la gracia de Dios y el Espíritu Santo de Dios vengan sobre mí en lo que esté intentando hacer.

Padre, hoy quiero rendirme yo mismo y todo lo que hago a la actividad de la oración en el nombre de Jesús. Quiero evaluarme y asegurarme de que no estoy intentando servirte en mis propias fuerzas o por mi propia sabiduría. Me rindo completamente a tu autoridad en mi vida. Amén.

3

EL RETO DE EQUILIBRAR NUESTRO MINISTERIO DE ORACIÓN

Por nada estéis afanosos, sino sean conocidas vuestras peticiones delante de Dios en toda oración y ruego, con acción de gracias. Y la paz de Dios, que sobrepasa todo entendimiento, guardará vuestros corazones y vuestros pensamientos en Cristo Jesús.
Filipenses 4:6-7

En el capítulo anterior afirmé que el reino del hombre en el que usted y yo nacimos, al margen de nuestra raza, es una raza caída, hostil, y alineada.

Pero hay otro reino, y es el reino de Dios. Ese reino está compuesto por personas creadas otra vez: personas que han nacido de nuevo, que han hecho a Cristo su Señor y en quienes Cristo es honrado, y no confían en su humanidad caída. Estas personas no confían en la solidez de los juicios morales del hombre. Creen que, por sí mismo, el hombre siempre irá por el camino equivocado. Saben que no pueden hacer nada por sí mismos y no confían en la carne, sino que confían solamente en que Dios obre en ellos y a través de ellos. Estas personas se llaman cristianas, y componen la verdadera iglesia de Cristo de cualquier denominación.

El reino del hombre y el reino de Dios coexisten; a veces se salpican agua el uno al otro y hay que separarlos de nuevo. Supongo que no existe ninguna iglesia en ningún lugar que esté comprometida con el reino de Dios hasta tal punto, que Dios lo haga todo. Creo que habrá un poco de carne y un poco del viejo Adán en el reino, al margen de la iglesia. No he oído nunca de una iglesia que no tenga un poco al menos.

Sin embargo, algunas iglesias se han entregado casi por completo al reino del hombre: su filosofía es la filosofía del hombre, sus creencias son las creencias del hombre, y su punto de vista es el punto de vista del hombre. Van por el camino que va el hombre y viven como vive el hombre, y al mismo tiempo se llaman a sí mismas iglesias.

Después hay otras iglesias en las que se hace el esfuerzo para asegurarse de que la mayor parte de lo que hacen sea divino. La mayoría está del lado del reino de Dios, pero en la periferia hay algunas cosas de las que Dios no es parte.

El trabajo de los ministros, diáconos, miembros de la iglesia, y cristianos en todo lugar es asegurarse de que la iglesia sea lo más pura posible; mantener todo el reino del hombre fuera, y mantenerla tan llena del reino de Dios, que cuando usted entre en la comunión de los santos entre en una comunión divina. La meta es una comunión dedicada a la proposición de que todos los hombres son malos a menos que la sangre del Cordero los haga buenos, que estamos en el camino erróneo hasta que encontramos el camino hacia el hogar de Dios por medio de la cruz, y que es solamente Dios en nosotros quien puede hacer algún bien moral.

Nosotros en el reino de Dios escogemos como nuestro eslogan "en toda oración", porque ya hemos admitido que no podemos hacer nada por nosotros mismos. Ya hemos admitido que no hay nada en el músculo humano que pueda hacer la obra de Dios; no hay nada en el cerebro humano que pueda discernir la palabra de Dios. Ya hemos admitido que no hay nada en la naturaleza humana lo suficientemente bueno para edificar el santo templo de Dios. Tras reconocer todo esto, ¿cómo podemos entonces ser puros? ¿Iremos a algún monasterio en algún lugar para ocultarnos? No. Tenemos que ser obreros activos, pero tenemos que hacerlo por medio de la oración. Lo digo de nuevo: "en toda oración".

Permítame destacar el contraste entre el reino de Dios y el reino del hombre, y después usted podrá ver cómo situarse en el reino correcto.

EL DINERO LO ES TODO

El mundo dice: "Todo funciona con dinero". Tan solo ten dinero suficiente, y podrás hacer cualquier cosa. El dinero habla, abre puertas. Es dinero, dinero, siempre dinero. Por lo tanto, cuanto más dinero tengamos, mejor irán las cosas.

Cristo no tenía ni un céntimo, y podemos ver lo que logró. Pero nosotros decimos que, si tuviéramos más dinero, podríamos hacer mucho más.

La iglesia, por el contrario, dice: "En toda oración". Somos lo suficientemente sabios como para saber que el dinero es necesario en el reino de Dios, y Dios lo usa y dice: "Cada primer día de la semana cada uno de vosotros ponga aparte algo". Sabemos que, cuando damos, Dios lo recibe, lo bendice, lo distribuye, da a los pobres, y su justicia permanece para siempre. Sabemos que Dios usa el dinero en el reino de Dios, pero lo usa solamente porque todo se hace mediante la oración. Si usted tiene dinero sin oración, tiene sobre usted una gran maldición.

Creo que una maldición que podría llegar a cualquier iglesia sería si alguien dona cien mil dólares pero el Señor no está levantando personas de oración proporcionalmente con eso. Si Dios levantara hombres y mujeres de oración junto con ese regalo, no dudaría en aceptar los cien mil dólares y ponerlos a trabajar. Es asombroso lo que Dios puede hacer con dinero, si se usa en oración. El mundo dice: "Todo funciona con dinero", y después las iglesias surgen y se dedican al reino del hombre sin saberlo. Por lo tanto, intentan dirigir la iglesia como el hombre dirige la iglesia.

LA PUBLICIDAD LO ES TODO

Necesitamos el poder de Dios. Que la gente piense lo que quiera de nosotros. Si tenemos el poder de Dios y vivimos como cristianos, no tiene que importarnos lo que piense el mundo. Quiero estar en paz con Dios, y si estoy en paz con Dios, es probable que esté en paz con su pueblo.

Sin embargo, algunos creen que debiéramos tener un departamento de relaciones públicas. Así es como edificaremos nuestra iglesia.

Al principio de casarnos, mi esposa y yo asistíamos a una iglesia hasta que comencé mi ministerio. Era una gran iglesia. Oraban, testificaban y cantaban, y el poder de Dios estaba allí. En el servicio de comunión, las personas se arrodillaban y tomaban la comunión, y yo veía a algunos de ellos llorar y reírse en el altar, y el gozo de Dios estaba en ese lugar. La pequeña iglesia estaba llena, y vivimos tiempos magníficos. Después sucedió algo, y hubo una gran disputa entre los miembros; votaron que se fuera el pastor y que entrara el diablo.

Para reedificar su iglesia establecieron un departamento de relaciones públicas, y solíamos recibir literatura de ellos. Entristecieron al Espíritu Santo, así que Él no podía bendecirlos; sin embargo, sentían que debían hacer algo para seguir llevándose bien con el público.

LOS COMITÉS LO SON TODO

Las Escrituras dicen "en toda oración", no en todo dinero, prestigio social, publicidad, o comités.

Hoy en día parece que no hay una hora del día o de la noche, desde la primavera hasta el final del invierno, donde no haya algún comité por ahí intentando resolver problemas. Intentamos hacer todo mediante comités. Cuando las cosas no van bien, formamos un comité. "Un comité", dice Vance Havner, "es una compañía de incompetentes escogidos por los que no están dispuestos a hacer lo innecesario".

Tenemos comités costosos frenando la obra de Dios. Si el Espíritu Santo viene sobre un hombre, podría tomar una decisión y decir: "ábrelo así", y ¡pum! está hecho. Nadie tiene que sentarse y hablar durante horas sobre títulos o sobre tomar un receso con un café por quince o diecisiete minutos.

Dicho esto, yo abogo por un comité: me gustaría ver un comité formado para abolir todos los comités, al menos por un tiempo. Sé que hay que tener comités. Imagino que son algo parecido a limpiar el hogar o exfoliar al perro; no nos gusta pero tenemos que hacerlo porque a veces es necesario. Supongo que debe haber comités hasta los últimos tiempos. Los tenían en la Biblia y a lo largo de los años, y los tenemos ahora. Sin embargo, cualquier comité podría reducir su tiempo a la mitad si se orara más.

D. L. Moody dijo que, cuando un hombre oraba en público, la cantidad de tiempo que oraba era la proporción inversa a la cantidad de tiempo que oraba en privado. Si oraba mucho tiempo en privado, su oración pública era breve, pero si era breve en privado, su oración pública era larga. Creo que las reuniones de comités que no terminan nunca simplemente indican que no han orado lo suficiente. Si oramos más, hablamos menos.

LOS MÉTODOS DE NEGOCIOS LO SON TODO

Intentamos realizar un trabajo santo siguiendo una técnica moderna de hombres de negocios. No funcionará. De nuevo, Pablo dijo: "en toda oración".

En la actualidad, cuando llevamos técnicas de negocios a la iglesia para lidiar con la cultura, lo hemos entendido al revés. Creemos que, como la cultura no tiene nada que ver con la Escritura, tenemos que desarrollar técnicas del mundo que sean atractivas para la cultura que nos rodea.

Yo no tengo nada en contra de los negocios. Por el contrario, necesitamos negocios en nuestro mundo, y no hay nada mejor que un buen empresario cristiano dirigiendo su empresa para la gloria de Cristo; sin embargo, la iglesia no es una empresa. La iglesia no es como una carnicería, un despacho de abogados, o cualquier otra rama de negocio.

La particularidad de la iglesia es que está empoderada por el Espíritu Santo. Es una representación de Jesucristo en este mundo, y el motor que impulsa este tipo de ministerio es la oración. Si participamos en la oración como Dios quiere que lo hagamos, nuestras iglesias crecerán y se expandirán según las expectativas de Dios, no las nuestras.

LA EDUCACIÓN LO ES TODO

Algunos dicen que lo que necesitamos es que los clérigos y los ministros tengan más educación académica. Creo en la educación; aunque usted no se eduque en una escuela, cómprese unos buenos libros y edúquese usted mismo.

Sin embargo, cuando una denominación empieza a desviarse, he notado que empiezan a elevar sus estándares académicos.

Cuanto menos tenemos del Espíritu Santo, más tenemos que saber acerca de Platón y Aristóteles, y llamamos a eso estar familiarizado con la teología contemporánea. Creo que deberíamos familiarizarnos con la teología bíblica: Moisés, Isaías, David, Daniel, Pablo, Pedro, Juan, y el resto. Pero los colegas contemporáneos patean el balón teológico porque son una panda de intelectuales cohibidos. En estos días, la gente habla sobre la neo-ortodoxia y el neo-evangelicalismo. Esas son palabras muy largas y no significan mucho. Lo que importa es lo que el Espíritu Santo dice mediante las Escrituras.

EL COMPROMISO LO ES TODO

Mediante el compromiso, intentamos llevarnos bien con las personas; sin embargo, la iglesia nunca se puede llevar bien con el mundo. Incluso cuando está en una posición de poder, la iglesia nunca se lleva bien con el mundo, y el mundo nunca se lleva bien con la iglesia.

Cuando un político quiere ser elegido intenta atraer al pastor, esperando que el pastor sea lo suficientemente necio para decirle a la congregación que deberían votar por él. Yo no votaría a nadie que me escribiera una carta. Solo el hecho de que me escribiera una carta lo descalificaría; no votaría por él porque intentaba usar a la iglesia. Las iglesias no deberían ser usadas; la iglesia sirve a nuestra generación por la voluntad de Dios, y decidirá cómo sirve a las generaciones; el mundo no lo decidirá por ella.

La verdad es que usted no puede delegar la oración, aunque sí puede delegar algunas cosas. Mi canto, por ejemplo; puedo hacer que alguien me cante solos, pero no puedo delegar mis oraciones. Nadie más puede hacer mis oraciones por mí a menos que yo esté inconsciente. Algunas personas dicen: "Usted ore, y nosotros nos encargaremos de las cosas prácticas. Usted ore, y yo cantaré. Usted ore, y yo daré. Usted ore, y yo recibiré a misioneros. Usted ore, y yo enseñaré, sembraré, serviré". Eso es una trampa mortal.

Si usted no puede orar, y no ora, Dios no aceptará su servicio. Si no puede orar, y no ora, Dios no aceptará su canto. Si no puede orar, y no ora, Dios no aceptará que reciba a personas. Dios no aceptará su dinero si no puede orar o no ora. Es la oración lo que da poder, y todas las demás cosas son cosas buenas si las elevamos en oración; sin embargo, si intentamos hacerlas si orar, tendremos madera, heno y hojarasca en el día de Jesucristo.

Rindo todas mis expectativas, oh Dios, y acudo solamente a ti para lo que necesito cada día. Oro para que mi vida sea edificada sobre tus expectativas y no sobre las mías o sobre las del mundo. Obra a través de mí para que dé gloria y honor a tu nombre. Amén.

4

LA PLATAFORMA PARA UNA ORACIÓN EFICAZ

Si algo pidiereis en mi nombre, yo lo haré.
Juan 14:14

Aquí viene la separación de los caminos entre el hombre de fe y el hombre sin fe. El hombre sin fe rechaza del todo esta enseñanza: "Y esta es la confianza que tenemos en él, que si pedimos alguna cosa conforme a su voluntad, él nos oye" (1 Juan 5:14). El hombre sin fe dice: "Eso no puede ser", no lo aceptará y demandará prueba de la razón humana.

La incredulidad es algo moral, no algo mental. La incredulidad siempre es pecaminosa porque presupone una convicción inmoral del corazón antes de que pueda existir.

No tener fe no es que la mente no entiende la verdad. No es una mala conclusión extraída de premisas lógicas. No es el fallo o la falta de solidez del razonamiento lógico; es un pecado moral. Los que no tienen fe no pueden entender lo que dice la Palabra de Dios. No pueden comprender la confianza que tenemos en que Dios nos escucha si pedimos cualquier cosa conforme a su voluntad: "Si algo pidiereis en mi nombre, yo lo haré". El hombre de fe se siente seguro en que esto es cierto. El hombre de fe no se atreve a dejar que la verdad descanse sobre la razón humana.

Algún día, alguien intentará decir: "He usado la razón para demostrar que la razón no es buena". Sin embargo, yo estoy haciendo lo contrario: estoy usando la razón para mostrar que hay cosas que la razón no puede hacer.

Nunca he estado en contra de la razón humana, pero sí he estado en contra de que los seres humanos intenten usar la razón para hacer algo para lo que no está calificada. La gran diferencia hoy día en el mundo no está entre el liberal y el fundamentalista, sino entre el racionalista evangélico y el místico evangélico: el que cree en Dios y no cree en la razón humana contrariamente al que cree que las cosas de Dios se pueden demostrar y entender mediante el razonamiento humano. Tenemos racionalistas evangélicos que insisten en reducirlo todo a algo que se pueda explicar y demostrar. El resultado es que hemos racionalizado la fe y hemos hecho descender al Dios Todopoderoso al nivel bajo de la razón humana.

Todo fue creado con un propósito, y creo que hay algunas cosas que la razón humana no puede hacer. La razón humana y la fe no son contrarias entre sí, sino más bien una descansa sobre la otra.

Como creyentes, entramos en otro mundo alrededor de lo que está infinitamente por encima de la esfera de la razón. "Porque mis pensamientos no son vuestros pensamientos, ni vuestros caminos mis caminos, dijo Jehová. Como son más altos los cielos que la tierra, así son mis caminos más altos que vuestros caminos, y mis pensamientos más que vuestros pensamientos" (Isaías 55:8-9). La fe nunca es contraria a la razón; la fe simplemente ignora la razón y se eleva por encima de ella. La razón no puede decirnos que Jesucristo debía nacer de una virgen, pero la fe sabe que así fue. La razón no puede demostrar que Jesús adoptó forma de hombre y murió llevando los pecados del mundo, pero la fe sabe que lo hizo. La razón no puede demostrar que al tercer día resucitó de la muerte, pero la fe sabe que la fe misma es un órgano de conocimiento.

Los racionalistas fundamentalistas dicen que el cerebro humano es solamente un órgano de conocimiento. Se les olvida que hay al menos otros dos órganos de conocimiento. El sentimiento es un órgano de conocimiento también.

Toda la razón del mundo no podría decirle si usted pasó o no calor hoy. Usted tiene su propio órgano de conocimiento: los sentimientos. Un joven se enamora de una joven, y ¿cómo lo sabe? ¿Lee la *Enciclopedia Británica* y lo razona? No. Escucha el latir de su propio corazón; él lo sabe por los sentimientos. Por lo tanto, el sentimiento es un órgano de conocimiento.

La fe es otro órgano de conocimiento. Usted tiene que creer ciertas cosas. La razón no puede decir que Jesús resucitó de la muerte. La fe sabe que lo hizo. La razón no puede decir: "Él está sentado a la diestra de Dios, el Padre todopoderoso", porque la razón no lo sabe, pero la fe sabe que así es.

La razón no puede decir que Él vendrá para juzgar a vivos y muertos, pero la fe sabe que Él vendrá. La razón no puede saber que mis pecados se han alejado, pero la fe sabe que así ha sido. Todo el tiempo, la fe es un órgano de conocimiento. El hombre que cree tiene un conocimiento que el hombre que meramente piensa no es posible que tenga. El pobre cerebrito puede ponerse a nuestro lado tambaleante y siguiéndonos como un niño pequeño que intenta mantener el paso de su papá con sus piernas cortitas y gorditas, intentando razonar. Por eso, en el Nuevo Testamento aparece la palabra *asombro*: se asombraban de Él, y todos se maravillaban. La fe se avanzaba haciendo cosas asombrosas, y la razón iba a su lado con los ojos abiertos como platos, maravillándose; así es como siempre debería ser.

Sin embargo, en estos tiempos hacemos que la razón se adelante con sus piernas cortitas, y la fe nunca le sigue. Nadie se maravilla porque pensamos que podemos explicar todo el asunto. Yo afirmo que un cristiano es un milagro, pero en cuanto usted puede explicar a un cristiano, ya no queda nada de ese cristiano.

En el libro de William James *The Varieties of Religious Experience* (Las variaciones de la experiencia religiosa), intentó pasar por el filtro de la psicología las maravillas de Dios actuando en el corazón humano. Sin embargo, cuando los primeros discípulos estaban en el pórtico de Salomón en oración y alabanza, las personas se mantenían lejos, fascinadas, y no se unían a ellos. El verdadero cristiano es alguien que la razón humana no puede explicar, y algo que la psicología no puede explicar.

La fe es el tipo más alto de conocimiento, a fin de cuentas. La fe va directamente a la presencia de Dios y detrás del velo. Nuestro Señor Jesucristo también ha salido por nosotros y se une al Dios Todopoderoso para alcanzar aquello para lo que nació en este mundo. Él tiene comunión con la fuente de su ser y ama la fuente de su vida, y ora a Aquel que lo engendró, conociendo al Dios que hizo el cielo y la tierra. No será un astrónomo, pero conoce al Dios que creó las estrellas. No será un físico, pero conoce al Dios que creó las matemáticas. Él conoce al Dios de todo conocimiento, entra y va más allá del velo para llegar a la presencia y se queda allí de pie, tocado y con los ojos bien abiertos, y contempla y contempla, y contempla las maravillas. La fe lo lleva hasta allí.

La razón no puede rebatir nada de lo que hace la fe; la razón nunca pudo hacer eso. La razón apoya la Biblia acudiendo a la ayuda del Dios Todopoderoso con algunos datos científicos; sin embargo, todos los datos científicos reunidos en cualquier universidad del mundo nunca podrían apoyar verdaderamente un camino espiritual, porque la razón y la fe ocupan dos ámbitos diferentes. Hay dos mundos distintos: el de la razón y el de la fe.

Si el sol tuviera que empezar a salir por el oeste y descender por el este, si el verano no estuviera seguido del otoño sino que en su lugar pasáramos directamente al invierno, si el maíz comenzara a crecer hacia abajo y no hacia arriba, y si los albatros empezaran todos a poner huevos y salieran cachorros de ellos, nada de eso cambiaría mi pensamiento acerca de Dios o de la Biblia. Mi fe en Dios no depende de los reportes científicos, que no saben si toda su ciencia es correcta, para empezar. La fe es un órgano de conocimiento, y "esta es la confianza que tenemos en él". La fe se pone sus botas largas, sube hasta la cima de la montaña, hasta el pico más alto, y dice: "Dios lo dice, y yo sé que es así".

No recomiendo tener fe en la fe, y en estos tiempos ocurre mucho eso. La gente tiene fe en la fe, pues hay hombres que van por ahí predicando la fe. No, yo no predico fe, nunca lo hice, y con la ayuda de Dios, no empezaré a hacerlo ahora. Sé algo mejor. Nadie debiera ir por ahí predicando fe.

No, no tenemos fe en la fe; tenemos fe en Dios. La Biblia dice: "Esta es la confianza que tenemos en él" (1 Juan 5:14). Él es el origen, la fuente, el fundamento y el lugar de descanso de toda nuestra fe. En ese reino de fe ahora tenemos comunión con Él, con el Dios Todopoderoso, Aquel cuya naturaleza esencial es la santidad. Aquel que no puede mentir, Aquel que va precedido por la fidelidad y la verdad. Él no puede mentir, así que nos relacionamos con un carácter perfecto y santo. Nuestra confianza se eleva a medida que el carácter de Dios se hace más grande, más hermoso, y más confiable.

Para resumirlo todo, mi oración está basada en mi confianza en Dios. En ocasiones, mi oración parece ir en dirección contraria a la razón. Eso es bueno. La razón nos lleva por el camino erróneo de la oración, motivo por el que probablemente las oraciones de muchas personas no reciben respuestas hoy.

Hacer una oración razonable es ir por la dirección errónea. Nuestra oración tiene que estar basada en nuestra fe en Dios, y esa fe está basada en nuestra confianza en Él y en quien Él dice que es.

Dios Todopoderoso, alabo tu nombre por la confianza que tengo en ti. Mi deseo cada día es cultivar esa confianza y conocerte de tal modo que mi fe empodere mi oración. Amén.

5

CONFIANZA EN NUESTRA ORACIÓN

Y todo lo que pidiereis al Padre en mi nombre, lo haré, para que el Padre sea glorificado en el Hijo. Si algo pidiereis en mi nombre, yo lo haré.
Juan 14:13-14

Aprendemos de las promesas de Dios cómo orar, pero memorizar promesas para poder tener *más* fe no funciona. Yo memorizo mucho. Tengo una copia del Nuevo Testamento en forma de ritmo, y el libro de los Salmos en forma de metro largo, y los llevo conmigo. Me gusta memorizar, y creo en ello.

Sin embargo, si pensamos que más versículos producirán más fe, estamos en la senda equivocada; no sucederá. La fe no descansa sobre promesas sino sobre el carácter del que hizo la promesa. Está escrito acerca de Abraham que se maravilló no de las promesas de Dios por la incredulidad, sino que fue fuerte en la fe, dando gloria a Dios. La gloria fue para Dios, no para la promesa. ¿Para qué es la promesa? La promesa es que pueda conocer de modo inteligente cuál es la afirmación, en qué dirección ir, lo que Dios planeó para mí, y lo que Dios me dará. Esas son las promesas, la dirección personal e inteligente que Dios tiene en mente para mí.

Las promesas solo son tan buenas como el carácter del que hizo la promesa.

Al leer mi Biblia, me encuentro con esta promesa: "Y esta es la confianza que tenemos en él, que si pedimos alguna cosa conforme a su voluntad, él nos oye". Y si nos oye, se nos promete que Dios nos dará lo que estamos pidiendo. Entonces, ¿cuán buena es esta promesa? Es tan buena como Aquel que la hizo. ¿Y cuán bueno es eso? La fe dice: "Dios es Dios, el Dios santo que no puede mentir. El Dios que es infinitamente rico y que puede cumplir todas sus promesas. El Dios que es infinitamente honesto y que nunca ha engañado a nadie. El Dios que es infinitamente veraz y que nunca ha dicho una mentira". Así de buena es la promesa que Dios hace; es tan buena como Dios, porque Dios la hizo.

Sin embargo, a menudo llevamos a Dios a una esquina y lo usamos para escapar del infierno y para que nos ayude cuando el bebé está enfermo. Después, seguimos con nuestra vida e intentamos llenarnos de fe leyendo promesas. No, eso no funcionará. Glorificamos a Dios al poner nuestra fe en Dios, no en las promesas. Por las promesas de Dios, claro está, aprendemos lo que Dios quiere hacer por nosotros. Aprendemos qué cosas pedir. Aprendemos lo que Dios desea para nosotros. Aprendemos qué podemos reclamar como nuestra herencia. Aprendemos de las promesas cómo deberíamos orar, pero la fe descansa solamente sobre el carácter de Dios.

El gran Dios Todopoderoso no es su siervo; usted es siervo de Dios. Él es su Padre, y usted es su hijo. Él ha dicho que, en el cielo, los ángeles se tapan el rostro delante del Dios que no puede mentir.

Creo que sería maravilloso si cada predicador predicara sobre Dios y nada más durante todo un año. Predique acerca de Dios: quién es Él, sus atributos, su perfección. ¿Por qué confiamos en Él? ¿Por qué *deberíamos* confiar en Él? ¿Por qué lo amamos? ¿Por qué *deberíamos* amarlo? Siga predicando sobre Dios, el trino Dios, y siga haciéndolo hasta que Dios llene todo el horizonte y todo el mundo. La fe brotará como la hierba junto a una corriente de agua. Después de eso, que un hombre se levante y predique una promesa, y toda la congregación dirá: "Puedo confiar en esa promesa; miren quién la hizo".

Puede que la confianza no llegue muy deprisa, porque estamos atrapados en una tierra de mentiras. David, en un momento de acaloramiento, dijo: "Todo hombre es mentiroso" (Salmos 116:11). Pero no leo que alguna vez cambió de idea ni siquiera después de calmarse, porque todos son así. Todo el mundo tiene un corazón engañoso, desesperadamente malvado por naturaleza, y crecemos en un mundo de mentiras donde mentir es un arte.

No confiamos en las personas; tenemos una psicología de la desconfianza. Si un hombre viene a mi casa y me ofrece un billete de cien dólares, no lo recibiría a menos que conociera al hombre. Pero ningún hombre desconocido puede llegar, llamar a la puerta y decir: "Perdóneme, estoy regalando un billete de cien dólares a algún buen ciudadano de su vecindario". Yo diría: "Usted ni siquiera sabe cómo me llamo, señor. Ya me he topado con personas así antes. Adiós".

Tenemos una psicología de incredulidad formada en nosotros desde que nacemos; sin embargo, cuando entramos en la esfera del reino de Dios y la esfera de la fe, todo cambia. Nunca se dijo ni una sola mentira en el cielo; nunca engañó nadie a otra persona en el dulce reino de Dios.

La Biblia dice la verdad. No le dice que usted se va a relajar, acostarse, y dormir doce horas; no le dice que va a ser exitoso y de repente le va a salir cabello en su calvicie. Solo le dice que tendrá vida eterna ahora, con muchos problemas y dificultades, con espinos y cargando su cruz, y gloria y eternidad con Dios en el mundo venidero. Si es lo suficientemente fuerte para soportar los espinos, las cruces, las dificultades y las hostilidades, puede tener la corona, pero comprará la corona con su sangre, sudor y lágrimas. Eso es lo que la Biblia nos dice.

"En mi nombre", dice Él. Pero ¿qué significa eso? Pedir en su nombre significa pedir según su voluntad, y aquí es donde entra la promesa. Usted tiene que entender esas promesas para saber cuál es la voluntad de Dios. Memorícelas, apréndalas, métalas en su torrente sanguíneo para que las tenga a mano en cualquier momento. Solo con contar con su mérito, los méritos de Jesús, es suficiente.

Vamos al cielo por los méritos de otro. No hay duda al respecto. Entraremos porque otro salió. Vivimos porque otro murió. Estaremos con Dios porque otro fue rechazado de la presencia de Dios en el horror y terror del Calvario. Tendremos la visión beatífica porque uno estuvo colgado y rodeado de oscuridad durante seis horas de agonía. Vamos al cielo por los méritos de otro, nuestra fe está puesta en el carácter de Dios y los méritos del Hijo de Dios. Usted no tiene que darle nada, solo su alma pobre y miserable. Cuanto más miserable se sienta, más cerca está del reino. Como cité antes, se dice que la humanidad está dividida en dos clases: los buenos que piensan que son malos, y los malos que creen que son buenos.

El hombre malo que piensa que es bueno está fuera del reino de Dios para siempre, pero el hombre bueno en el reino de Dios no es probable que vaya por ahí hablando sobre cuán bueno es. Es más probable que diga que no es digno de ser llamado apóstol. Es el principal de los pecadores y un siervo indigno (2 Corintios 12:11). A Dios le gusta oír ese tipo de lenguaje si es genuino y verdaderamente humilde. Descansa sobre los méritos de otro.

Si usted ora: "Oh Señor, he sido una buena persona, responde a mi oración", nunca conseguirá respuesta a su oración. Pero si ora diciendo: "Oh Dios, por causa de Jesús, hazlo", su oración recibirá respuesta. Si usted llega diciendo: "Señor, si haces esto, te prometo que yo haré aquello", usted nunca recibirá respuesta a su oración. Arrójese descuidadamente sobre Dios, no haga promesas a lo loco, sino confíe en su carácter, confíe en Él, confíe en los méritos de su Hijo. Entonces tendrá la petición que le ha hecho.

¿Por qué no podemos ver cosas asombrosas en estos tiempos? Yo no creo en las maravillas que se organizan e incorporan. Deje que otros hagan eso. Sanidad incorporada. Evangelismo incorporado. Eso no es para mí. Podemos tener un papel con membrete, un presidente y una secretaria, y tener todo lo que Dios no es; sin embargo, el hombre de fe puede ir solo al desierto, ponerse de rodillas y ordenar al cielo. Dios está ahí. El hombre que se atreva a ponerse de pie y dejar que su predicación le cueste algo, el cristiano que se pone en un lugar donde debe recibir la respuesta de Dios, Dios está en eso. Creo en Dios, pero nunca llegaré a pedirle a Dios que haga una maravilla solo para que yo tenga una baratija con la que poder jugar: "Oh Señor, haz un milagro por mí para poder contar una historia". No, no.

Dios no va a enviar regalos de Santa Claus a sus pequeños santos. Pero si usted está en problemas y confía en Dios, y acude a Él en base a los méritos de su Hijo y le pide y reclama la promesa, Dios no le decepcionará. Él le ayudará y le sacará de su problema.

Las promesas de Dios, los méritos del amor de Jesús, y el carácter de Dios son la tierra sobre la que basamos nuestra esperanza. No es nuestra bondad, no lo que prometemos hacer, y no lo que hemos hecho. Si está en problemas, ¿por qué no acude a Dios y lo pone a prueba? Arrodíllese y ore. ¿Tiene problemas en su hogar? ¿Problemas en su negocio? ¿Tiene dificultades reales? Acuda a Dios al respecto. Póngase de rodillas, abra su Biblia, y ore: "Dios, no había pensado en ello, pero puedo confiar en ti". El Dios Todopoderoso no le decepcionará.

Dios moverá cielo y tierra; Él hará que el río se dé la vuelta. Él hará que el hierro flote; Él ayudará a sus hijos.

Oh Padre, te damos gracias por tu carácter. Te damos gracias por ser un Dios, una majestad. Fuera de ti no hay otro Dios, que no fuiste creado por nadie. Oh Dios, estamos bendecidos. Ahora te pedimos no que nos envíes para ser plantas en macetas, sino soldados. Permítenos usar tus promesas; llena nuestra mente con ellas, llévanos de regreso al Dios que las hizo, úsanos como armas y herramientas en tu asilo para pobres.

Oh Dios, Satanás se ha reído de nuestras vanas oraciones; ayúdanos ahora a salir y hacer que se ría de nervios.

Ha estado por demasiado tiempo en posesión del terreno. Oh Dios, reclamamos la victoria que te honra. Oh Dios, queremos honrarte diciendo la verdad; queremos honrarte con nuestra oración. Queremos honrarte hablando de todas las caras de cada pregunta, sin engañar, sin mentir, sin usar técnicas de publicidad para tener éxito, sino contando la vieja historia que otros han amado tan bien y que continúan contando con sinceridad.

Ahora, Señor, estamos animados a creer que tú harás lo que has prometido. Oh Dios, en ti alabamos y confiamos en el Padre a través de Jesucristo nuestro Señor. Esta es la confianza que tenemos en ti, que si pedimos cualquier cosa conforme a tu voluntad, tendremos cualquier cosa que te pidamos.

Te lo pedimos en el nombre de Jesús. Amén.

6

EL PELIGRO DE LA ORACIÓN NO RESPONDIDA

*Y todo lo que pidiereis al Padre en mi nombre, lo haré,
para que el Padre sea glorificado en el Hijo.
Si algo pidiereis en mi nombre, yo lo haré.*
Juan 14:13-14

*Y esta es la confianza que tenemos en él,
que si pedimos alguna cosa conforme a su voluntad, él nos oye.
Y si sabemos que él nos oye en cualquiera cosa que pidamos,
sabemos que tenemos las peticiones que le hayamos hecho.*
1 Juan 5:14-15

Usted notará la similitud en el lenguaje y el fraseo de estos dos pasajes, así como su tono emocional. Juan fue el autor de la segunda, y citó a nuestro Señor como quien había dicho la primera. Quiero mantener el enfoque en la fe como confianza en Dios, ya que constituye mi filosofía de fe. Los evangélicos deberían asentarse sobre esta verdad.

Juan cita a Jesús, diciendo: "Y todo lo que pidiereis en su nombre, Él lo hará". En otras palabras, dice que tenemos esta seguridad de que, si pedimos cualquier cosa conforme a su voluntad, Él nos oye; y si nos oye, tendremos lo que pedimos.

Sin embargo, se hacen muchas oraciones que no sirven para nada. No puede venir nada bueno al intentar encubrirlo o intentar negarlo. Sería mejor que admitamos que hay suficientes oraciones cualquier domingo dado como para salvar el mundo entero, pero el mundo no se salva. En muchas de nuestras oraciones, lo único que recibimos de regreso es el eco de nuestras propias voces.

Esto tiene un efecto perjudicial y a veces incluso desastroso sobre la iglesia de Cristo. La oración no respondida significa daño para una congregación con el tiempo. Tiende a enfriar y desalentar a las personas que oran. Nos volvemos como un hijo petulante que no espera recibir lo que pide pero continúa quejándose por ello igualmente.

La oración no respondida destruye la expectativa. Somos tentados a enfriar nuestro corazón y desanimarnos. Esto confirma la incredulidad natural del corazón humano. Recuerde que el corazón humano, por naturaleza, está lleno de incredulidad. Fue la incredulidad lo que condujo al primer acto de desobediencia; por lo tanto, el primer pecado no fue la desobediencia sino la incredulidad, aunque la desobediencia es el primero registrado. Detrás de la desobediencia estaba el pecado de la incredulidad, o de lo contrario nunca se habría producido la desobediencia. Cuando la iglesia ora por una mujer enferma, y aún así la mujer sigue enferma o muere, o cuando la iglesia ora por liberación pero ésta nunca se produce, nuestra incredulidad natural se confirma en nuestra mente. Nos vemos tentados a aceptar la oración no respondida como algo normal.

La oración no respondida apoya la idea de que la religión no es real, que es algo subjetivo sin ninguna verdad a sus espaldas. Cuando digo "caballo", la mente de todo el mundo inmediatamente se va a un gran animal de pelo corto, orejas hacia arriba, un rostro inteligente, y cuatro potentes patas. Sabemos lo que significa la palabra *caballo* porque es una referencia a algo que podemos ver y experimentar. De forma similar, cuando uso la palabra *lago*, todos piensan en una gran masa de agua. Uso la palabra *estrella*, y todos piensan en el cuerpo celestial.

Sin embargo, para muchas personas, cuando uso las palabras *fe* y *creer*, y *Dios* y *cielo*, no hay nada real detrás de ellas. Son solo palabras. Son como duendes y hadas. Cuando oramos, y oramos, y no recibimos respuesta, animamos esas falsas ideas en nuestro corazón.

La oración no respondida le da mucho pie al enemigo para blasfemar. Al enemigo le encanta la blasfemia, y es un blasfemo obsceno. Si puede hacer que los cristianos griten hasta el cielo más alto durante semanas sin parar, y después ve que nunca reciben una respuesta, ha conseguido su meta. La oración sin respuesta deja al enemigo en posesión del campo.

La oración no respondida también impide el desarrollo de la obra de Dios. Enviar oraciones al cielo que regresan vacías es como enviar un ejército sin armas. Es como sentarse a tocar el piano sin dedos. Es como enviar un leñador al bosque sin un hacha. Es como enviar a un granjero al campo sin un arado. La obra de Dios se paraliza.

Jesús dijo: "Todo lo que pidan en mi nombre pueden tenerlo". Y Juan dijo: "Esta es la confianza, la valentía, la seguridad que tenemos…". No estoy añadiendo palabras a la Escritura aquí. Nuestro lenguaje español es muy versátil, pero la desventaja es que a veces tenemos que usar media docena de palabras para equiparar todo lo que una palabra significa en otro idioma. Cuando el Dios santo dijo: "Esta es la confianza que tenemos en Él", la palabra *confianza* en español no es suficiente. Algunos traductores dicen esta es la "valentía" que tenemos en Él, y otros dicen esta es la "seguridad" que tenemos en Él. Son necesarias las palabras *confianza, valentía* y *seguridad* para expresar lo que Dios quiso decir cuando dijo lo que debíamos sentir por Él.

Te alabo, oh Dios, por la confianza que puedo tener en ti y solamente en ti. Miro al mundo, y me desanimo mucho. Te miro a ti, y mi corazón comienza a cantar con un gozo inexplicable, lleno de tu gloria. Alabo tu nombre por las oraciones que has respondido en mi vida. Gracias. Amén.

7

CULTIVAR LA ORACIÓN DE ANTICIPACIÓN

Velad y orad, para que no entréis en tentación; el espíritu a la verdad está dispuesto, pero la carne es débil.
Mateo 26:41

El Señor Jesucristo, el redentor de los hombres, estaba a punto de ser traicionado y entregado en manos de pecadores. Estaba a punto de ofrecer su alma santa para ser derramada, aceptando la putrefacción acumulada y la suciedad moral de toda la humanidad, llevándola a la cruz para morir allí entre agonía y sangre.

Jesús anticipó esta crisis y se preparó para ella con la preparación más eficaz jamás conocida en el cielo o en la tierra, es decir, la oración. Nuestro Señor oró en el huerto. No nos compadezcamos de nuestro Señor como algunos se sienten inclinados a hacer. Démosle gracias por presagiar la crisis e ir al lugar de poder y a la fuente de energía y prepararse para ese acontecimiento.

Debido a que hizo eso, pasó la crisis cósmica de modo triunfante. Digo crisis cósmica porque tuvo que ver con algo más que solamente este mundo; tuvo que ver con algo más que la raza humana. Tuvo que ver con todo el cosmos, todo el vasto universo, porque el Señor estaba muriendo para que todas las cosas se pudieran unir en Él, y para que los cielos, así como la tierra, pudieran ser purgados y se pudiera establecer un nuevo cielo y una nueva tierra que nunca desaparezcan. Todo esto descansaba sobre los hombros del Hijo de Dios aquella noche en el huerto.

Él se preparó para eso de la manera más eficaz conocida bajo el sol, y fue acudiendo a Dios en oración.

Pero, frente a eso, tenemos a sus discípulos. Ellos abordaron la crisis sin anticipación; en parte no sabían, en parte no les importaba, en parte eran muy poco espirituales para estar preocupados, y en parte estaban medio dormidos. Por lo tanto, sin preocupación, sin oración y somnolientos, se permitieron el lujo de ser llevados por el giro de la rueda del tiempo que desembocó en una crisis tan viral, tan importante, tan portentosa que no había sucedido ninguna igual en el mundo, y nunca más sucederá otra.

Y el resultado que no anticiparon fue que uno de ellos traicionó a nuestro Señor, otro negó a nuestro Señor, y todos se olvidaron de nuestro Señor y huyeron. Cristo les había dicho: "Velad y orad, para que no entréis en tentación; el espíritu a la verdad está dispuesto, pero la carne es débil". Estas palabras eran preciosas, como un pequeño diamante puesto en un anillo; sin embargo, los discípulos las ignoraron para su propia vergüenza.

Quiero que sepa que la oración que hizo Jesús esa noche en el huerto fue una oración de anticipación; es decir, oró anticipando algo que Él sabía que llegaría en la voluntad de Dios, y se preparó para ello.

Esto es lo que quiero enfatizar y grabar bien en su conciencia: que practique la oración de anticipación, porque las batallas se pierden antes de pelearlas. Puede escribir esa frase en su corazón y en su memoria, y la historia y la biografía del mundo la sustentará, ya que las batallas siempre se pierden antes de pelearlas. Fue cierto hace mucho tiempo, y sigue siendo cierto en las naciones en la actualidad.

Cualquier guerra que cualquier nación haya librado jamás ha estado edificada sobre algún tipo de anticipación, y en esa anticipación, de preparación. A menudo, las dinámicas de esa anticipación no se conocen del todo, pero la anticipación es importante para que se materialice el éxito.

Como cristianos, tenemos que entender que estamos en una batalla espiritual. Tenemos que anticipar una batalla espiritual cada día. No entenderemos con mucha antelación cuál será la batalla o de dónde vendrá, pero sabemos a ciencia cierta que estamos en una guerra, y necesitamos estar preparados para esa batalla todos los días. Esa preparación solo puede ser la oración.

Debemos comprender cómo orar por la batalla que no entendemos del todo en ese momento. Sabemos que algo llega, porque la historia afirma este concepto. Si quiero permanecer, tendrá que ser apoyándome en la Palabra de Dios.

El apóstol Pablo destaca en Efesios 6:10-18, especialmente en los versículos 11 y 12: "Vestíos de toda la armadura de Dios, para que podáis estar firmes contra las asechanzas del diablo. Porque no tenemos lucha contra sangre y carne, sino contra principados, contra potestades, contra los gobernadores de las tinieblas de este siglo, contra huestes espirituales de maldad en las regiones celestes".

Nos "vestimos de toda la armadura de Dios" en anticipación de cualquier batalla espiritual que llegue a nuestro camino. Debemos anticipar la batalla, y el inicio de esta anticipación es la oración. Por eso, muchos cristianos son agarrados por sorpresa por una batalla espiritual, porque no siguieron las instrucciones de las Escritura.

Este fue el caso de Israel, aunque a un nivel superior. En tiempos del Antiguo Testamento veremos que Israel nunca perdía una batalla cuando actuaba rectamente y oraba; sin embargo, cuando enfrentaba una batalla con iniquidad y sin oración, nunca vencía. Israel nunca perdió una batalla el día que la peleó, y nunca ganó una batalla el día que la peleó. Israel siempre perdió sus batallas cuando adoró al becerro de oro, o cuando se sentó a comer y a beber y se levantó a jugar, o cuando se casaban con personas de otras naciones, o cuando menospreció el altar de Jehová y levantó un altar pagano debajo de algún árbol; fue entonces cuando Israel perdió su batalla. Fue algo anticipado, como puede ver, y perdió antes de que sucediera.

Y eso también fue cierto en el caso de los discípulos aquí, como ya he mencionado. Ellos no perdieron a la mañana siguiente cuando uno de ellos maldijo y dijo que no era discípulo de Jesús, o esa noche en la que otro besó a Jesús y dijo: "Este es el hombre, apréseno". Y cuando incluso Juan, que lo amaba, se olvidó de Él y huyó, y todos se escabulleron infiltrándose en la noche; no fue entonces cuando se produjo el derrumbe. El derrumbe había comenzado la noche antes, cuando cansados y agotados se tumbaron a dormir en lugar de escuchar la voz de su Salvador y quedarse despiertos para orar.

Si se hubieran quedado despiertos orando junto a Él, si hubieran oído sus gemidos y lo hubieran visto sudar sangre, eso tal vez podría haber cambiado la historia del mundo, y ciertamente habría cambiado la historia de ellos.

Las batallas no solo se pierden antes de pelearse, sino que las batallas también se ganan antes de pelearse.

Miremos a David y Goliat. Todos conocen la historia, se la contamos a los niños, y los artistas la dibujan. Tiene un lugar en la imaginación y en la literatura de todo el mundo, cómo el pequeño David con sus mejillas rojizas salió y mató al gigante poderoso, rugiente y bravucón, de más de tres metros de altura y con una espada como la viga de un tejedor. El diminuto y jovencito David salió, y con una piedra acabó con él y con su gran espada, la cual a duras penas pudo levantar, cortó la enorme cabeza del gigante, la agarró por el cabello y la puso delante de una Israel victoriosa y jubilosa. ¿Cuándo ganó David la batalla? ¿Cuándo venció esa pelea? ¿Cuándo fue calladamente a encontrarse con el gran gigante fanfarrón? No. Si otra persona lo hubiera intentado, las palabras de Goliat habrían sido ciertas: "Te partiré en pedazos y daré tu carne a las aves". Bajo cualquier otra circunstancia, él habría hecho justamente eso.

Sin embargo, David era un joven que conocía a Dios, y había matado al gigante, al león y al oso. Se había tomado el cuidado de sus ovejas como un encargo del Todopoderoso, y había orado, meditado, se había tumbado bajo las estrellas del cielo en la noche y había hablado con Dios; había aprendido que, cuando Dios envía a un hombre, ese hombre puede vencer a cualquier enemigo, por muy fuerte que sea. Así que no fue esa mañana en las planicies entre dos colinas donde David ganó; fue durante todos sus años de juventud previos a ese día cuando su mamá le enseñó a orar y él aprendió a conocer a Dios por sí mismo.

Y también estaba Jacob. Después de veinte años, fue a encontrarse con su enojado hermano, quien había amenazado con matarlo. Hacía años que no lo veía; se había marchado para que Esaú no pudiera matarlo, y ahora estaba de regreso. El Señor reveló que al día siguiente se encontrarían en la planicie más allá del río Jaboc. Y al día siguiente se reunieron justo en la planicie, se fundieron en un abrazo, y Esaú perdonó a Jacob; y Jacob conquistó la ira de su hermano y su intento de acabar con él.

¿Cuándo ocurrió eso? ¿Lo hizo esa mañana cuando salió a encontrarse con su hermano y cruzó el río? No, lo hizo la noche antes cuando luchó a solas con su Dios. Fue entonces cuando se preparó para vencer a Esaú. Esaú era el hombre velludo y robusto del bosque que había amenazado solemnemente, bajo juramento, que mataría a Jacob cuando lo encontrara. ¿Cómo pudo cancelar ese juramento? ¿Cómo pudo quebrantar el juramento que hizo como se hacía en Oriente? El Dios Todopoderoso lo sacó de su corazón cuando Jacob luchó solo junto al río. Siempre es así. Jacob venció a Esaú no cuando se encontraron, sino la noche antes de encontrarse.

Y ocurrió lo mismo con Elías. Elías derrotó a Acab, a Jezabel y a todos los profetas de Baal, y otorgó la victoria y el avivamiento a Israel. ¿Cuándo lo hizo? ¿Lo hizo ese día en el monte Carmelo?

¿Sabe usted cuántas palabras hubo en la oración de Elías? Después de que los profetas de Baal habían orado y saltado durante todo el día sobre el altar y se habían cortado hasta sangrar, Elías se acercó a las seis en punto de la noche en ese entonces, a la hora del sacrificio, e hizo una breve oración. ¿Fue una oración de veinte minutos, como a veces hacemos nosotros en una reunión de oración y no dejamos hablar a los demás? ¿Fue una oración larga y elocuente? No, fue una oración directa, corta, exactamente de cincuenta y nueve palabras en español, y me imagino que serían unas cuantas menos en hebreo.

Ahora bien, ¿fue esa oración lo que hizo descender el fuego? Sí y no. Sí, porque si no se hubiera hecho, no habría habido fuego. No, porque si Elías no hubiera conocido a Dios a lo largo de los años, y no hubiera permanecido delante de Dios durante los largos días, meses, y años previos al Carmelo, esa oración se habría desmoronado por su propio peso, y habrían despedazado a Elías. Por lo tanto, no fue en el monte Carmelo donde Baal fue derrotado; fue en el monte Gilgal, porque recordemos que Elías venía de Gilgal.

Siempre siento que soy un hombre mejor después de leer esta historia. Ese gran hombre desgreñado y peludo, vestido con su sencilla túnica rústica de campesino, llegó mirando fijamente y con osadía hacia adelante y sin ningún tipo de modales reales o conocimiento de cómo hablar o qué hacer. Se acercó con la cabeza alta, oliendo a montañas y a campo, se puso delante del encogido, tímido, acobardado y calzonazos de Acab, y dijo: "Soy Elías. Estoy delante de Jehová, y vengo aquí para decirte que no habrá lluvia hasta que yo lo diga. Adiós".

Ese fue un momento dramático, un momento terrible, un momento maravilloso, pero detrás de él había largos años de estar delante de Jehová. Elías no sabía que iba a ser enviado a la corte de Acab, pero lo había anticipado mediante muchas oraciones y meditaciones en presencia de su Dios.

Perdóname, oh Padre, por no prepararme para la crisis que tengo delante de mí. Perdóname por dar por hecho que mi oración es esencial para prepararme para lo que tengo delante de mí. Gracias por darme la fuerza y la gracia para confiar en ti en situaciones que no entiendo. Te alabo, Padre, en el nombre de Jesús. Amén.

8

LA ORACIÓN COMO ANTICIPACIÓN DE UNA CRISIS

*Si en el día de la aflicción te desanimas,
muy limitada es tu fortaleza.*
Proverbios 24:10, NVI

Siempre hay una crisis esperándonos en algún lugar. Jesús y sus discípulos, David e Israel, Daniel y Elías, y a todos los demás enfrentaron crisis. Algunas crisis nos esperan hoy. Permítame nombrar algunas brevemente.

Una de ellas es algún problema grave. Espero que no le llegue a usted, pero la historia de la raza demuestra que los problemas llegan a la mayoría de nosotros en algún momento. Y, cuando se presenta algún problema grave con su impactante aguijón debilitante, algunos cristianos no están preparados para ello, y por supuesto se derrumban. Sin embargo, ¿es el problema lo que produce el derrumbe? Sí y no. El problema es lo que produce el derrumbe en el sentido de que no se habrían derrumbado sin él, pero no es el problema el que les hace derrumbarse, porque si lo hubieran anticipado y se hubieran preparado para ello, se habrían mantenido en pie. "Si en el día de la aflicción te desanimas, muy limitada es tu fortaleza".

Nuestra fortaleza es limitada porque nuestras oraciones son pocas y austeras, pero aquel cuyas oraciones son muchas y fuertes no se derrumbará cuando llegue el problema.

Una segunda crisis es la tentación. A veces, la tentación llega de un modo inesperado y sutil, y es demasiado inesperado y demasiado sutil para la carne. Pero la oración de anticipación prepara el alma para cualquier tentación que pueda llegar.

¿Fue el día que David caminaba por la azotea cuando cayó en su vergonzosa y trágica tentación? No, fue la larga brecha que los historiadores dicen que hubo antes de eso cuando no saben qué estaba haciendo David en ese tiempo. Yo sé lo que David no estaba haciendo, al menos una cosa que no estaba haciendo, y era esperar en su Dios. No estaba mirando las estrellas y diciendo: "Los cielos declaran la gloria de Dios", como solía hacer. David cayó porque todo el peso de sus semanas desperdiciadas se acumuló sobre él. La tentación no puede herirnos si la anticipamos mediante la oración, y la tentación ciertamente nos hará caer si no la anticipamos.

Después está la crisis de los ataques de Satanás; esos ataques en pocas ocasiones se anticipan porque es demasiado astuto como para ser uniforme. Si Satanás estableciera un patrón de ataque, enseguida descubriríamos sus métodos. Si fuera uniforme y regular en sus ataques, la raza humana lo habría descubierto hace mucho tiempo, y el miembro más anciano de la iglesia habría sabido cómo evitarlo. Pero, como es muy irregular y mezcla las cosas, es letal si no hemos tomado el escudo de la fe para protegernos.

Por ejemplo, piense en un lanzador de béisbol: él no lanza la misma bola al mismo lugar nueve veces. Si lo hiciera, el marcador sería 128 a 0. ¿Qué hace? Varía sus lanzamientos. Y el bateador nunca sabe cómo le va a llegar la bola; primero arriba, después abajo, después dentro, luego fuera, después lenta, y luego rápida, después por el medio. Es la ausencia de uniformidad lo que hace que el lanzador sea eficaz.

¿Cree usted que el diablo no es tan inteligente como Dizzy Dean o Billy Pierce? ¿Cree que el diablo no sabe que el modo de ganar a un cristiano es engañarlo con la irregularidad? Nunca ataca dos veces del mismo modo el mismo día. Una vez llega desde un lado, y después por el otro lado como un boxeador. ¿Cree que el boxeador salta al ring y crea un patrón fácilmente reconocible? Apunta con la izquierda, golpea con la derecha, da dos pasos atrás y avanza dos pasos. El púgil más común ganaría un combate contra un boxeador así. No, el luchador tiene que usar también la cabeza. Ataca desde un lado, después desde el otro, después lanza un golpe, luego se retira un poco, vuelve a dar unos pasos hacia atrás, luego avanza y ataca, con la izquierda primero, luego con la derecha, luego amaga, después cinco pasos y se agacha, después oscila su cuerpo, luego se mueve hacia arriba y hacia abajo, después... ya entiende lo que quiero decir. Y así es como actúa también el diablo.

Él irá hoy por usted como un toro salvaje de Basán, mañana lo hará tan dócilmente como un cordero, y al día siguiente no le molestará en absoluto. Después, peleará contra usted tres días seguidos y le dejará tranquilo por tres semanas. ¿Recuerda lo que se dijo de Jesús después de las tres tentaciones? El diablo se apartó por un tiempo. ¿Por qué? Para que el Señor bajara la guardia, por supuesto. El diablo pelea como un boxeador, lanza la bola como un diestro lanzador de béisbol, y usa la estrategia.

Y por eso es tan difícil anticiparlo, pues uno no sabe qué va a hacer la próxima vez; sin embargo, siempre puede usted mantener una anticipación general. Siempre puede saber que el diablo va por usted, y por eso orando, velando, y esperando en Dios puede estar preparado para cuando se presente. Y usted puede vencer no el día que él llegue, sino el día antes de que llegue. No el mediodía que llegue a usted, sino la mañana antes del mediodía.

La única manera consistente de ganar es poner la sangre sobre los dinteles, mantener la nube y el fuego sobre usted, llevar puesta su ropa de combate, y no permitir nunca que el día le sorprenda desprevenido. Nunca se levante temprano en la mañana, mire su reloj y diga: "Voy a perder el tren", y salga corriendo. Si tiene que salir corriendo, tome consigo un Nuevo Testamento y, en lugar de leer el periódico, lea su Nuevo Testamento de camino al trabajo. Después incline la cabeza y hable con Dios. Prepárese. No recomiendo hacer eso, pues es demasiado rápido y demasiado incierto, pero mejor que no orar nada, ore algo en algún momento de la mañana.

Dios en la mañana

Me encontré con Dios en la mañana

En el mejor momento de mi día,

Y su presencia vino como el amanecer,

Como una gloria en mi pecho.

Ralph Spaulding Cushman

Recomiendo que nunca deje que el día le sorprenda. Nunca deje que el jueves lo derribe porque no oró el miércoles. Nunca deje que el martes lo desanime porque no oró nada el lunes. Nunca deje que las tres de la tarde lo derribe porque no oró a las siete de la mañana. Procure haber orado con antelación.

Tengo algunas recomendaciones: nunca actúe como si las cosas estuvieran bien. Si el diablo lo deja solo por un tiempo, quizá le parezca que no tiene muchos problemas. Cuando usted está razonablemente feliz y es razonablemente espiritual, probablemente desarrollará el complejo que dice: *Las cosas van bien*, y descuidará su vida de oración. No velará ni orará. Recuerde que, mientras el pecado, el diablo y la muerte andan a sus anchas por esta tierra como un virus, como una enfermedad contagiosa, las cosas no están bien. Usted no está viviendo en un mundo sano, en un mundo que ayuda, en un mundo que está diseñado para mantenerlo sano espiritualmente.

¿Soy yo un soldado de la cruz?
¿No hay enemigos contra los que pelear?
¿No debo contener la inundación?
¿Es este mundo vil amigo de la gracia
Para ayudarme a buscar a Dios?

Isaac Watts

Por lo tanto, en lugar de suponer que las cosas están bien, suponga que siempre están mal, y después prepárese para ellas y anticípelas vengan de donde vengan. Eso es lo primero.

En segundo lugar, nunca confíe en el diablo y piense que las cosas están bien, porque el trabajo del diablo nunca termina. No diga: "Hoy no oraré; esperaré hasta el miércoles".

Algunos creen que, porque el diablo está en silencio, eso significa que se ha retirado; nunca podemos subestimar al diablo y el trauma que él quiere producir en nuestra vida. La evidencia de todo esto es la falta de oración.

Muchos creen que tienen todo a la mano y que tienen al diablo bajo control, lo cual hace que caigan en manos del diablo. Si el diablo puede conseguir que yo deje de orar, estoy donde él me quiere. Lo que el diablo más teme de un cristiano es la oración. Es la oración lo que derriba las actividades del diablo. Es la oración lo que me permite ganar la batalla contra el diablo.

Cada día de mi vida estoy en alguna batalla contra el diablo. Si puede distraerme, entonces puede atacarme. Es en mi vida de oración donde verdaderamente discierno dónde me golpeará el enemigo después. Así es como me preparo para una batalla de la que realmente no estoy muy seguro. Sé que llega. Sé quién está detrás, pero muchas veces no sé exactamente cómo me va a golpear el enemigo.

Algunos cristianos han llegado a la conclusión de que el diablo ni siquiera existe. Su vida de oración ciertamente no demuestra mucha preocupación con respecto al diablo, y tampoco su vida diaria. Como no lo creemos, hemos sido engañados y nos hemos vuelto vulnerables a esos ataques del enemigo.

Anticipe siempre cualquier posible ataque velando y orando. No se confíe en exceso, precisamente porque el Señor dijo: "el espíritu a la verdad está dispuesto, pero la carne es débil" (véase Mateo 26:41 y Marcos 14:38). Más de un hombre ha perdido una batalla por exceso de confianza, y muchos empresarios han perdido un negocio por la misma razón.

Nunca subestime el poder de la oración. "Velad y orad", dijo Jesús, y no estaba recitando poesía. "Velad y orad", dijo Jesús, y Él lo practicaba. Él venció porque lo practicaba y atrapó el mundo que da vueltas y al que el pecado había descontrolado, lo atrapó en la red de su propio amor, y lo redimió vertiendo su propia sangre. Él lo hizo, digo yo, porque se preparó para ese difícil momento y ese evento glorioso, orando la noche antes y orando en las montañas otras veces, y orando todos los años desde su infancia.

Recuerde que sin oración no puede usted vencer, y con ella no puede perder. Se da por hecho, claro está, que es la verdadera oración y no solo la repetición de palabras. Se da por hecho que su vida está en armonía con su oración. Pero si usted ora, no puede perder; y, si no ora, no puede ganar. Porque el Señor nos dio el ejemplo de la oración de anticipación, preparándose para cualquier evento al buscar el rostro de Dios en vigilante oración de forma regular. Después, al margen de lo que ocurra, como sucedió con Jesucristo nuestro Señor, como con Daniel, Elías y el resto, usted puede avanzar victorioso, porque la oración siempre gana.

Oh Padre, me niego a confiar en mi entendimiento o mi sabiduría en todas las cosas que tengo por delante. Me entrego a ti y confío en tu guía en mi vida, dándome cuenta de que tú me preparas para el mañana. Amén.

9

LA ORACIÓN PARA LA GLORIA DE DIOS

La oración eficaz del justo puede mucho.
Santiago 5:16

La oración verdadera no es algo sencillo. En muchos aspectos es complicada, así que muchas personas no son capaces de resolver las dinámicas de su vida de oración. Sí, es pedir y recibir, pero es mucho más que eso.

Quiero usar tres versículos que comienzan a explicar las dinámicas de nuestra oración. "La oración eficaz el justo puede mucho". Esta es una frase positiva. "Pedís, y no recibís, porque pedís mal, para gastar en vuestros deleites" (Santiago 4:3). Esta es una declaración negativa. Y finalmente: "También les refirió Jesús una parábola sobre la necesidad de orar siempre, y no desmayar" (Lucas 18:1). Esta es una afirmación de resistencia.

La mejor definición de oración que he oído es del gran santo español Miguel de Molinos (1628-1696). "La oración es una ascensión o elevación de la mente hacia Dios".

De forma muy simple, la oración es una ascensión de la mente hacia Dios; es una elevación de la mente. Decir que es una ascensión significa que asciende hacia Dios, y decir que es una elevación de la mente indica que hay algo que usted tiene que hacer para elevarla. Dios está por encima de todas las criaturas, y el alma no puede verlo ni conversar con Él a menos que usted se levante por encima de todas las criaturas. Por lo tanto, la oración es la elevación del alma, el vuelo del alma, de la mente, hacia Dios.

Los textos bíblicos que escribí arriba dan algunos detalles específicos sobre la oración. El primero (Santiago 5:16) dice que la oración es algo potente que puede mucho, y yo diría que esas palabras, *puede mucho* (que significa "son efectivas"), son una terrible subestimación. Muchos no entienden el poder que Dios ha investido en esto que llamamos oración.

El Antiguo y el Nuevo Testamentos se combinan para enseñar y demostrar lo mucho que puede la oración. El Espíritu Santo mismo trabaja en este capítulo 5 de Santiago para explicarlo, diciendo que la oración tiene la habilidad de abrir y cerrar el cielo, hacer que las nubes den lluvia o no según Él lo desee.

La segunda declaración (Santiago 4:3) dice que a veces no tenemos la ventaja de la oración por dos posibles razones: no hemos pedido, o hemos pedido egoístamente y, por lo tanto, no tenemos los beneficios que la oración podría producir. La oración puede mucho, pero tal vez no la estemos usando de manera apropiada. Cuando nuestras oraciones simplemente son para satisfacer nuestros deseos egoístas, Dios no las responderá. La oración no es para mi propia conveniencia. La oración es mi conexión con Dios según sus términos y para llevar a cabo sus deseos o su voluntad.

Entonces, nuestro Señor dice en Lucas 18:1 que, sin embargo, al margen de las dificultades y los problemas que tengamos ante nosotros, siempre debemos orar. Hasta donde yo sé, esta parábola de Lucas 18 es la única que comienza diciendo lo que va a enseñar. Es una parábola con la que ninguno de los comentaristas estuvo jamás en desacuerdo. (A menudo están en desacuerdo, en el buen sentido, con otras parábolas, discrepando sobre lo que enseña la parábola, pero Jesús no les dio espacio en ésta para no estar de acuerdo). Se nos dice: "También les refirió

Jesús una parábola sobre la necesidad de orar siempre, y no desmayar". En otras palabras, antes de relatar la parábola, nos dijo lo que iba a enseñar la propia parábola. Él hizo esta declaración y después la ilustró con una historia.

Hay muchas oraciones que se elevan en estos tiempos. No creo que sea irreverente decir que Dios parece estar en la lista de correo de todo el mundo. Las listas de correo están compuestas por personas que tienen algo que el remitente del correo quiere. Dios, que está en la lista de correo de todos en todo el país y en todo el planeta, recibe constantemente peticiones de cosas; sin embargo, creo que el motivo del que pide por lo general no suele ser más alto que cuando ponemos a alguien en nuestra lista de correo.

Existe el peligro de que veamos a Dios simplemente como un gran hombre rico, que nos comprará cosas con su gran chequera. Dirigimos a Él toda nuestra publicidad e intentamos ganarlo y ponerlo de nuestra parte para poder conseguir algo de Él. Hay un gran peligro porque estamos bautizando en las aguas de la oración todo tipo de intereses personales y egoístas. Nuestras oraciones tal vez no son bíblicas ni espirituales, e incluso son totalmente injuriosas, y parece que su motivo es tan solo que podamos recibir alivio de la necesidad de ganarnos la vida con honestidad o proveernos de algo que queremos.

Muchas personas están orando y alardean del éxito que tienen porque están orando. Van por ahí pidiendo a todo el mundo, por todas partes, que oren. Pero eso es engañoso. Nuestras oraciones reciben respuesta según el deseo de Dios.

Dios no se rebaja a nuestro nivel de ese modo, sino que nos eleva a su nivel y nos usa mediante este ministerio de la oración.

Pero, incluso si no debemos orar egoístamente, eso no significa que ignoremos nuestras propias necesidades. El Señor cuida de todo, y el Señor está más preocupado por la fiebre que usted sufre que su enfermera, y está más preocupado por su salud que su doctor, y está más preocupado por su negocio o su familia que usted mismo. Por lo tanto, sin considerar todos los pequeños detalles que nos atrevemos a llevar a Dios, que nadie le diga que son cosas insignificantes. Orar por esas cosas está en la Biblia. Podemos hablar con Dios sobre las cosas pequeñas, pero siempre debemos recordar que deberíamos conversar con Dios sobre esas cosas para buscar su voluntad.

Hay cosas que debiéramos decirle solamente a Dios, y esa es la importancia de la oración. Cuando oramos en privado, debiéramos orar sobre cosas privadas, y cuando oramos de forma colectiva debemos orar por asuntos pertinentes al cuerpo y para la gloria de Dios. Si no lo hacemos, la oración colectiva puede ser incómoda y una pérdida del tiempo de las demás personas. Hay muchas oraciones malgastadas, y creo que el Espíritu Santo se disgusta por lo que nosotros llamamos peticiones de oración, que resultan ser cosas personales y privadas. A veces me temo que estemos orando por cosas egoístas. El Espíritu Santo nos dice: "Sus oraciones no reciben respuesta porque no piden, o se desaniman y dejan de pedir; o, si piden, sus motivos no son los correctos".

Todo esto se reduce a la verdad de que todas nuestras oraciones deberían ser para la gloria de Dios y no para nuestra propia gloria. Esto es a menudo una disciplina difícil para nosotros hoy. Intentamos exaltarnos, pensando que estamos dejando bien a Dios, pero la disciplina más dura que tengo en mi vida de oración es apartarme yo mismo a un lado y enfocarme en lo que glorifica a Dios.

Para que yo entienda cómo orar de ese modo, debo conocer a Dios a un nivel personal e íntimo. Cuanto más entienda a Dios y lo conozca de forma íntima y cercana, sabré mejor cómo orar para su gloria, y más lo glorificarán mis oraciones.

Oh Dios, tú eres digno de toda la gloria, y mi mayor placer es glorificarte en todo lo que magnifica tu nombre. Ayúdame a disciplinarme cada día, a apartarme a un lado y a enfocarme por completo en ti. Que muera yo a todas las demás cosas y viva exclusivamente para tu gloria. Amén.

10

ORACIÓN COLECTIVA: LA BENDICIÓN DE JUNTARNOS

Padre nuestro que estás en los cielos, santificado sea tu nombre.
Venga tu reino. Hágase tu voluntad, como en el cielo,
así también en la tierra.
Mateo 6:9-10

La oración colectiva es el cuerpo de Cristo o la iglesia orando, el pueblo de Dios orando. Y ¿cuál debería ser la meta de nuestras oraciones? Sea cual sea, debería ser también la meta de nuestras vidas, para que nuestras oraciones y nuestras vidas vayan en paralelo. No vivimos de una forma y oramos de otra. Deberíamos querer algo, y después deberíamos vivir para ese algo. Por lo tanto, debemos orar en armonía con nuestro caminar.

Hay muchas personas que están enfocadas en los números, y son financieramente exitosas porque tienen una personalidad fuerte y saben bien cómo aprovecharse de los hábitos conocidos del público. También los medios de comunicación saben cómo jugar con las tendencias humanas naturales. Saben que una mujer hermosa, un animalito o un bebé siempre captan el interés del público.

De modo similar, sabemos lo que mueve a los cristianos y cómo se comportan cuando son movidos. Conocemos la expectativa creada por la conducta del pueblo de Dios. Los líderes religiosos aprenden los hábitos del público religioso y después juegan con esos hábitos. Además, cuando dan "pasos de fe valientes" después de orar toda la noche, siempre tienen mucho cuidado de avanzar en la dirección que saben que el público ha demostrado que apoyará.

Yo no quiero tener nada que ver con eso. Comencé a predicar en la esquina de una calle, e imagino que puedo volver a ello. Tenemos que *orar* en armonía con propósitos elevados, debemos *trabajar* en armonía con propósitos elevados, y debemos *dar* en armonía con propósitos elevados.

Ahora bien, ¿cuáles son esos propósitos? Solamente hay dos, y de ellos pueden desarrollarse otros, pero estas dos peticiones o deseos deberían ser principales. Deberían tomar prioridad sobre todos los demás pedidos de oración, incluyendo incluso las pequeñas peticiones de oración intermitentes que pueda tener por mí y por mi familia.

Uno de ellos es la restauración de la visión del Dios Altísimo para el mundo. Este mundo debería ver una visión del Dios que los derribaría, un Dios que los dejaría mudos como dejó mudo a Daniel o hizo que Juan cayera tendido sobre su rostro. Este tipo de Dios está ausente en la iglesia; se ha alejado no solo del liberalismo sino también de las iglesias evangélicas.

El honor de Dios se ha perdido para el hombre, y el Dios del cristianismo actual es un debilucho muy rico al que pueden manipular ciertas leyes psicológicas. Que la gloria de Dios debería regresar es imperativo; la gloria debería regresar y verse entre los hombres. Leemos acerca de ello en los Salmos, pero no sabemos lo que estamos leyendo. "Exaltado seas sobre los cielos, oh Dios; Sobre toda la tierra sea tu gloria" (Salmos 57:5).

Después llegamos al Nuevo Testamento. "Haz eso", le dijo Jesús a su Padre, para que vean que "he manifestado tu nombre a los hombres…" (Juan 17:6). Él murió para que la gloria de Dios pudiera manifestarse al mundo, y la venida de Jesús al mundo en primer lugar fue para que el mundo que había perdido la visión de Dios pudiera recuperarla de nuevo.

Cuando el Espíritu Santo descendió en Pentecostés, vino para dar al corazón y al intelecto una visión de la gloria de Dios. Este es el primero de los deseos. Y no tengo duda al decir que la gloria de Dios debería redescubrirse y que el mundo debería ver cómo es Dios. La iglesia debería adorar una vez más al Dios a quien respeta: el Dios de la Biblia, el Dios que es el único Dios. Esto es más importante para Dios que la salvación de los pecadores. Ahora bien, eso puede sonar terrible, pero los bautistas y los presbiterianos en otros tiempos predicaban eso con valentía y no les importaba lo que pensaran las personas.

Sin embargo, hemos llegado a este humanismo blando en nuestro tiempo donde lloramos por los rebeldes e imaginamos que ese es el orden divino. Que Dios sea glorificado entre las naciones y que su honor sea revelado a su pueblo, eso es más valioso y más deseado en el cielo entre los santos ángeles, serafines, y todos los ancianos y las criaturas alrededor del trono; más que las personas sean salvas.

Pero la parte maravillosa de la historia es que la gloria de Dios y la salvación de los hombres ha sido armonizada en el amoroso corazón de Dios. La gloria de Dios puede revelarse a medida que los hombres se convierten, para que no sea lo uno o lo otro, algo que hay que escoger, sino que ambas cosas puedan suceder al mismo tiempo. Dios se glorificará salvando hombres, pero también se glorifica de otra manera.

Si tenemos que escoger entre la salvación de los hombres y la gloria de Dios, todo ser humano en el cielo debería decir: "Tuya sea la gloria". Pero también dirían que el hombre debería ser salvo.

Pues bien, la primera oración colectiva del Nuevo Testamento comienza con: "Padre nuestro". La palabra *nuestro* hace que sea una oración colectiva; es decir, una oración de un grupo de personas. Y la primera petición de esa oración colectiva es esta: "santificado sea tu nombre".

Muchos cristianos no observan que el Padrenuestro no era una oración para hacer de forma individual, sino para que el cuerpo orara junto. Es una oración colectiva. Es para todos nosotros en unidad. Está diseñada para que los cristianos se unan en lo que quieren y desean.

El Padrenuestro comienza con un saludo: "Padre nuestro". Después de eso viene la primera petición: "santificado sea tu nombre". En otras palabras, antes de pedir ninguna otra cosa a Dios, deberíamos querer que su nombre santo y sagrado sea santificado ante la humanidad. Si queremos seguir las enseñanzas de Jesús, entonces tenemos que seguir este procedimiento. "Santificado sea tu nombre". Esto es lo primero, no lo segundo ni lo tercero, sino lo primero. La gloria de Dios debería ser restaurada, y la visión del Dios Altísimo debería aparecer una vez más ante los hombres.

Si esta visión volviera a aparecer a los hombres en las iglesias y se volviera a predicar otra vez, si los ministros del santuario volvieran a predicar sobre las perfecciones, los atributos, el carácter y el ser de Dios, enseguida tendría el efecto de llevar a los pecadores a ponerse de rodillas y confesar. Tendría el efecto de separar a los cristianos del mundo y que aborrecieran sus caminos carnales. Serían como Isaías cuando vio la visión y clamó: "¡Ay de mí! que soy muerto; porque siendo hombre inmundo de labios" (Isaías 6:5).

Juan 14:13 cita a Jesús diciendo: "Y todo lo que pidiereis al Padre en mi nombre, lo haré, para que el Padre sea glorificado en el Hijo".

La razón por la que Jesús dijo "lo haré" fue para poder glorificar al Padre al hacerlo. Pero Jesús lo sabe, porque dice: "que el Padre sea glorificado es la razón por la que yo respondo la oración".

Ningún proyecto u organización conoce nada de valor hasta que es restaurada la gloria de Dios. Y, en todas nuestras oraciones, debemos orar por eso.

Llegará el día en que a las personas que ahora cantan por la radio sobre Dios y sobre cuán bueno es no se les agarrará más cantando sobre Dios . Las personas que probaron el cristianismo se convertirán en un grupo desilusionado, amargado, hostil, enojado y cínico.

Por lo tanto, lo primero por lo que orar colectivamente es la gloria de Dios. El segundo gran deseo es que la iglesia debería ser liberada de la cautividad babilónica.

Esta cautividad babilónica se ha ido colando lentamente en la iglesia de tal modo, que la mayoría de las personas no pueden distinguir entre el verdadero cristianismo bíblico y el impostor. Estamos siendo alejados del Dios verdadero para servir a un dios falso en toda su gloria. La mayoría del cautiverio babilónico adopta la cultura actual como el nivel de adoración que podría dar. Esto nos esclaviza y nos impide experimentar las libertades espirituales que tenemos en Cristo. Estamos en esclavitud, y muchos no reconocen su propia esclavitud.

Es como la adoración de Baal en el Antiguo Testamento durante los tiempos de Elías. Oponiéndose a todo aquello, Elías actúo bajo la gracia y el poder de Dios para derrotar esa clase de adoración. Si mi adoración hoy no está basada en mi libertad en Cristo, sigo en esclavitud al síndrome de la cautividad babilónica.

Debemos orar y trabajar para que la iglesia pueda ser liberada, para que regrese a la separación, la devoción, la trinidad y la santificación; para que regrese de nuevo a la gloria de Dios no para ser conocida, publicitándose a sí misma, sino para dar a conocer a Dios. Estas son las dos cosas que cada iglesia está bajo una terrible obligación vinculante de realizar. Tenemos que orar bastante, y trabajar bastante, y vivir en línea con nuestras oraciones para que la gloria de Dios pueda aparecer nuevamente entre los hombres.

Oh, que Dios pueda aparecer de nuevo como lo hizo con los moravos cuando les concedió una amorosa visión novedosa del Salvador. Al instante salieron, siendo difícil reconocer si estaban en la tierra o en el cielo. Eso solo le puede ocurrir a una iglesia que se toma a sí misma en serio; eso solo le puede ocurrir a una iglesia que acepta la verdad, sale y se entrega, y se dispone a orar por dos cosas: para que la gloria de Dios sea restaurada y para que la iglesia sea purificada.

Con otra generación de podredumbre en descomposición en nuestras iglesias, ¿qué enviaremos al campo misionero? Enviaremos una marca de cristianismo derrotada, en decadencia y quemada, que hará muy poco bien a los paganos. Para demostrar que esto es cierto, solo hay que ir a algún lugar ahora donde hayan estado predicadores liberales. Algunos son sociólogos en lugar de predicadores, con su evangelio de sociología. Vaya donde hayan estado ellos, y encontrará cristianos que ya no son cristianos.

Trasplantar un cristianismo humanístico sociológico en otras tierras extranjeras no es cumplir el texto bíblico, el cual dice: "Id por todo el mundo y predicad el evangelio a toda criatura" (Marcos 16:15). El trasplante de publicidad, entretenimiento y evangelismo deteriorado a Borneo o cualquier otro lugar no es cumplir tampoco el mandato bíblico. Debemos llevar la gloria de Dios y la sangre del Cordero a grupos minoritarios odiados por el mundo, pero amados por Dios. Debemos ser diferentes, cambiados y transformados por la gloria y el poder de Dios. Debemos llevar esa clase de evangelio a las naciones.

Si seguimos cuesta abajo en nuestras universidades religiosas, universidades misioneras e institutos bíblicos, podridos en decadencia y derribando y rompiendo las costuras, no valdrá la pena enviar al frente a la siguiente generación de misioneros. Oh, que pudiéramos tener avivamiento que nos moviera, yo como ministro del santuario, y usted y todos nosotros, para que puedan salir de entre nosotros evangelistas y misioneros. No se puede ser una iglesia que cree en la Biblia y no salir al mundo con estos dos grandes deseos en su mente y corazón: la gloria de Dios y el rostro de Jesucristo.

Lleve al mundo impío y a los caminos muertos no solo la historia de que Dios les ama, sino también la historia de un gran Dios, alto y elevado, que creó los cielos y la tierra, y ante cuyo rostro los cielos y la tierra algún día huirán. Un Dios que en su majestad cabalga sobre los cielos, pero que también en su amor entregó a su Hijo unigénito. Esa es la única clase de evangelio que vale la pena llevar a otros. Es el único tipo de predicación que vale la pena predicar.

Padre, oramos que tu gloria sea restaurada y que la iglesia salga de la cautividad babilónica. Nada más lleva el peso y la carga de esta oración. Oramos en el nombre de Cristo. Amén.

11

LA SERPIENTE QUE DESTRUYE NUESTRA ORACIÓN

Pero no tenéis lo que deseáis, porque no pedís. Pedís, y no recibís, porque pedís mal, para gastar en vuestros deleites.
Santiago 4:2-3

La oración eficaz del justo puede mucho.
Santiago 5:16

También les refirió Jesús una parábola sobre la necesidad de orar siempre, y no desmayar.
Lucas 18:1

Todavía hay una serpiente en el jardín. No murió después de que Adán y Eva cayeron; nadie llegó con una espada y le mató. La serpiente sigue en el jardín, enredándose en los árboles más hermosos y destruyendo su fruto. El yo es la serpiente que destruye nuestra oración, de modo que oremos, y oremos, y sigamos orando, pero sin tener efecto alguno. Tal vez incluso ayunamos y oramos, nos levantamos en la noche y oramos, y aun así nuestras oraciones no son puras, porque estamos usando la religión para conseguir otra cosa. Siempre que la religión se convierte en un medio para conseguir otra cosa, y no en un fin en sí mismo, no es pura. Siempre que la adoración de Dios se convierte en un medio hacia otra cosa, deja de ser adoración a Dios. Siempre que la oración y nuestra relación con Dios tienen una intención oculta, dejan de ser puras.

Hay mucha oración en estos tiempos, y las personas forman grupos de oración por todas partes para intentar conseguir que la gente ore. Sin embargo, me temo que se pueda decir: "Pero no tenéis lo que deseáis, porque no pedís". Se puede decir: "Pedís, y no recibís, porque pedís mal, para gastar en vuestros deleites".

Permítame mostrarle cómo el yo se enreda en nuestros deseos, abriéndose camino por el jardín, y arruinando incluso las oraciones por nosotros. Por ejemplo, queremos que la gloria de Dios vuelva a ser revelada a esta generación, y por eso decimos: "Sí, Dios, queremos que los hombres vuelvan a saber cuán grande eres tú. Queremos que tu perfección soberana se muestre en todo el mundo, a través del sol, la luna y las estrellas".

Queremos que la gloria de Dios sea revelada a su iglesia nuevamente, pero este es el problema: queremos que Dios nos use a nosotros para revelarla. Queremos ser quienes Dios use para revelarla. Queremos que el velo sea alejado del rostro de Dios, pero queremos ser nosotros los que subamos y drásticamente retiremos ese velo.

No digo que todos hagamos eso, pero quiero destacar aquí lo que a menudo es erróneo en nuestras oraciones y por qué Dios no ha podido responderlas hasta ahora. Si quiere ser usted quien retire el velo y muestre la gloria de Dios, entonces ¿de quién es la gloria que usted intenta revelar? Queremos que Dios revele su gloria pero también la nuestra. Sin embargo, Dios dice: "Jamás compartiré mi gloria con ningún hombre". Dios no dará su gloria a nadie y, por lo tanto, pedimos y no recibimos porque queremos gastarlo en nuestros propios deleites.

De modo similar, oramos: "Oh Dios, libra a tu iglesia", pero queremos ser nosotros quienes la libren. Sin duda que Dios finalmente nos unirá, pero recuerde que la iglesia está en cautividad babilónica, incluso las iglesias evangélicas. Así es como el yo destruye nuestras oraciones; nuestros motivos son carnales, y Dios no los respeta. Podemos organizar reuniones de oración toda la noche o todo el día, orar una hora entera, y aun así solo querer conseguir un poco de gloria para poder compartirla o que Dios la comparta con nosotros. Queremos que la iglesia regrese al camino, pero queremos ser nosotros los que lideremos para que regrese.

Yo quiero que la gloria de Dios vuelva a ser revelada al mundo, pero no insisto en ser yo quien la revela. Y, del mismo modo, quiero que la iglesia regrese de su cautiverio babilónico, pero no insisto en ser yo quien la haga regresar.

Queremos que los muros de Jerusalén sean reconstruidos. Me gustaría ver a la iglesia de Cristo tan purificada, tan llena del Espíritu y de sus dones, tan elevada en sus estándares espirituales, tan pura y tan espiritualmente culturizada, que reconozca a un mentiroso cuando lo vea. Que no escuche los chismes ni a los engañadores. Si el periódico dice: "Este hombre es un hombre de Dios fantástico y predica con poder, así que acudan a oírle", que la iglesia no escuche. Que al instante boicotee esa situación.

Eso es lo que quiero, pero tengo que estar dispuesto a que Dios edifique los muros de Jerusalén sin usarme a mí como a Nehemías; tengo que estar perfectamente dispuesto a que Dios use a otra persona para reconstruirlos.

Supongamos que Dios hubiera dicho a Nehemías: "Voy a edificar los muros de Jerusalén como respuesta a tu oración, pero no te voy a usar a ti; tú quédate atrás orando". No sé lo que hubiera dicho Nehemías, pero sospecho que habría sido algo parecido a esto: "Hágase con tu siervo como tú quieras". Si no hubiera sido ese el caso, su oración no habría servido para nada.

Dios no responderá la oración de ningún hombre, ni siquiera para reconstruir los muros de Jerusalén, si ese hombre insiste en reconstruirlos él mismo.

También queremos que los profetas de Baal sean derrotados. Hay demasiado dinero en nuestras iglesias, personas con decisiones lucrativas que Dios es quien debería tomar. Nos gustaría ver a estos ricos profetas de Baal sentados en cuclillas y el altar de Jehová ardiendo de nuevo con la gloria de Dios. Queremos que los roedores teológicos regresen a sus botes de basura y se escondan.

Pero, cuando oramos, tenemos la esperanza de que el Señor nos use a nosotros para perseguirlos. Queremos ser nosotros los que tomemos la vara y comencemos a expulsar a los roedores teológicos. Queremos que todo el mundo diga: "Ah, ese hombre, ¡es maravilloso! Es el Elías de Dios". Por lo tanto, queremos que Israel regrese de Babilonia, pero queremos ser el líder de Israel.

El único tipo de oración que Dios escucha es: "Oh Dios, trae de regreso a Israel de Babilonia como tú desees hacerlo".

Debemos humillarnos y tomar el lugar más bajo, y decir: "Padre, úsame si así lo deseas; estoy delante de ti. Soy como una espada puesta aquí sobre la mesa; Señor, tómame o déjame donde estoy. Úsame o ignórame. Para tu gloria, Padre, trae de regreso a Israel de Babilonia. Reconstruye los muros de Jerusalén otra vez. Saca a Israel de Egipto y que otro sea su Moisés". Yo quiero una reforma. Dios sabe lo mucho que necesitamos una reforma.

Otro error en el que hemos caído en nuestras iglesias evangélicas es que nos hemos vuelto personas orientadas a la cocina. En lugar de que la cruz de Jesús sea el centro, y todos nosotros reunidos alrededor del Calvario, orando y ayunando, preferimos ministrar a los estómagos de las multitudes.

Siempre que usted se tenga que reunir en torno a un bufet para seguir siendo espiritual, ya no es espiritual; su Dios es su estómago, y su gloria es su vergüenza. Dios sabe cuán alejados estamos de Él, y que necesitamos desesperadamente una reforma para orientar de nuevo a la iglesia hacia la persona de Jesús. Celebramos días, etapas y semanas especiales, como el

Día de la Madre, el Día del Padre, el Día del gatito, el Día del perrito, y todos los demás días. Estamos escuchando al mundo. Martín Lutero casi perdió su vida, y muchos otros perdieron las suyas, por llevar el cristianismo puro de nuevo al mundo. Nosotros tomamos ese legado sagrado y lo manchamos.

Cuando lleguemos a la gloria, es muy probable que nos topemos con algunos santos anónimos que oraron por Martín Lutero. Él fue la cabeza explosiva en la boca del misil, y el Dios Todopoderoso usó a ese duro alemán para hacer lo que el débil pastor no podía hacer. Otros no hubieran hecho lo que hizo Lutero, pues no se lo podían permitir. No fueron cabezas explosivas, pero Lutero sí lo fue. Por lo tanto, Dios usó al hombre duro y obstinado y produjo la Reforma. Pero sigo creyendo que no habría habido reforma si no hubiera habido personas desconocidas, de las que nadie ha oído hablar, que oraron por él.

Queremos que la iglesia crezca, pero solo si tenemos un interés personal en ello. Queremos el mérito, pero ¿oramos lo mismo al margen de quién reciba la gloria?

Siempre que usted quiera que las bendiciones se derramen en alguna parte de la iglesia que no tenga que ver con usted, siempre que quiera bendiciones para otros y anonimato para usted, es probable que sus oraciones sean puras. Si sus oraciones son para el éxito de cosas que tienen que ver con otros, es probable que sean puras.

Debemos elevar nuestro corazón y orar, y esta es la oración que debemos hacer: "Oh Dios, que seas honrado en esta comunidad durante esta semana. Hónrate a través de mí, o ignórame y hónrate a través de otros. Hónrate aparte de mí si te agrada.

Oh Dios, hónrate, restaura tu gloria a la iglesia, pero hazlo a tu manera. Si eso significa pasar de mí, Señor, está bien".

Dios nunca le exaltará hasta que usted se humille. Eso necesita un tipo específico de oración. Una oración que está conforme si Dios obra a través de usted o sin tenerlo en cuenta. Una oración para que Dios lo use a usted o lo ignore. No debería haber diferencia alguna ya sea de una manera o de otra, siempre que Dios actúe. "Oh Dios, reforma la iglesia, pero hazlo a tu manera".

¿Se acuerda de Amán en el libro de Ester? Él quería honra, pero Dios lo torció todo. Finalmente, el judío Mardoqueo recibió la honra, y Amán la horca. Puede que haya otra persona a la que Dios quiera honrar, y quizá lo ignore a usted y no lo tenga en cuenta. Si usted tuviera que ocupar un lugar bajo entre las sombras y su nombre no se diera a conocer, ¿oraría con el mismo fervor para que venga el reino de Dios? ¿Para que el nombre de Dios pudiera ser glorificado una vez más entre los hombres y para que la iglesia de Cristo pudiera regresar de su cautividad babilónica?

Queremos una reforma, pero no insistiremos en ser Lutero; que nos cueste algo no ser oídos. Queremos un ejército del Señor para vencer, pero nos quedaremos en el campo y dejaremos que los generales se lleven el mérito. "Señor, viviremos vidas humildes, pero nos oirás".

Cuando usted se convierte en una persona de oración, es muy probable que sea conocido como un guerrero de oración. Y, cuando es conocido como un guerrero de oración, se verá motivado a orar para no perder su carácter, para continuar la historia que otros cuentan acerca de usted. Se forma una mitología alrededor suyo de que es una gran persona de oración. Eso también es peligroso.

Sin embargo, no podemos dejar que eso nos impida orar. La Biblia dice que los hombres debieran orar siempre. Dice que la oración del justo puede mucho, y después nos da ilustraciones por decenas en la Biblia de una oración que produjo granizo, que cerró el cielo o que hizo llover, que hizo que el sol y la luna se detuvieran en Gilboa. Dios respondió oraciones de personas, y nosotros también tenemos que orar.

Las dificultades en la oración que he puesto ante usted no son dificultades que deban detener la oración; sencillamente son un desafío. Debería purificar su oración de forma individual, y deberíamos purificar nuestras oraciones como compañía de personas. Dios quiere personas desinteresadas, que quieran dos cosas por encima de todo lo demás: que el nombre de Dios sea glorificado en el mundo y en la iglesia para que los hombres tiemblen a su presencia, y que la iglesia sea traída de regreso de su cautiverio. El pueblo de Dios no debería querer que nadie se lleve el mérito salvo nuestro Señor Jesucristo.

Mi crítica no es contra quienes buscan verdaderamente glorificar a Dios y restaurar su iglesia. Reconozco a los mercaderes cuando los veo en el templo. Quiero agarrarlos por el cuello de la camisa y expulsarlos. (Jesús nos dio un precedente para hacer eso). Me pregunto cuántos tenemos la motivación adecuada al orar. Demasiadas iglesias adoran a un Dios demasiado pequeño. Queremos que la iglesia sea restaurada conforme al patrón del Nuevo Testamento. Lo queremos tan desesperadamente, que oraremos, trabajaremos y nos esforzaremos incluso aunque eso signifique una pérdida para nosotros, incluso aunque signifique que no nos tengan en cuenta. Que Dios reciba toda la gloria.

Vengo delante de ti, Padre, para humillarme ante ti de tal manera que tu gloria sea exaltada. Me postro delante de ti para ser usado o para no ser usado a tu discreción. Amén.

12

CONDICIONES PARA QUE LA ORACIÓN TENGA RESPUESTA

Vosotros, pues, oraréis así: Padre nuestro que estás en los cielos, santificado sea tu nombre.
Mateo 6:9

Y todo lo que pidiereis al Padre en mi nombre, lo haré, para que el Padre sea glorificado en el Hijo. Si algo pidiereis en mi nombre, yo lo haré…Si permanecéis en mí, y mis palabras permanecen en vosotros, pedid todo lo que queréis, y os será hecho.
Juan 14:13-14; 15:7

La oración cambia al individuo de modo subjetivo y también cambias las cosas de modo objetivo. Hago hincapié en lo primero como más importante. Es mucho más importante que yo cambie por dentro para amoldarme a Dios que tener el poder para cambiar algo externo.

La primera condición para la oración es que tengamos una relación correcta con Dios. Cuando oramos, decimos: "Padre nuestro"; sin embargo, Dios no se convierte en nuestro Padre porque digamos "Padre nuestro". No es necesariamente cierto que Él fuera nuestro Padre todo el tiempo y que no lo supiéramos. Tal vez usted no es uno de sus hijos. Jesús estaba hablando a quienes eran hijos de Dios cuando les dijo que oraran diciendo "Padre nuestro". Dios escucha a sus hijos.

Hay una idea popular de que Dios escucha a todos. Esta no es una doctrina del Antiguo Testamento. Las Escrituras del Antiguo Testamento son muy claras con respecto a que Dios solamente escucha a quienes cumplen sus términos. Esta idea tampoco es una doctrina del Nuevo Testamento. Si quiero que mis creencias permanezcan en la Palabra de Dios, entonces debo descubrir si una cosa se puede encontrar en el Antiguo o en el Nuevo Testamento, y este no es el caso. Además, el testimonio cristiano a lo largo de los años nunca ha enseñado que Dios escucha a todos.

Es un falsa idea pensar que cualquiera, en cualquier lugar, sea un gánster de camino a acabar con un rival, alguien listo para robar un banco, o un hombre cuya alma está llena de iniquidad, pueda orar sin más al Padre, o al "hombre de arriba", y que recibirá una respuesta. Eso es hacer suposiciones poco ilustradas. Es una ilusión y nada más. No tiene tradición a sus espaldas. Tampoco tiene respaldo del Antiguo o del Nuevo Testamento. No tiene el testimonio de quienes caminan más cerca de Dios.

En 1 Juan 5:1-9 tenemos trazada una distinción tan fina como una hoja de cuchilla entre los que son hijos de Dios y los que no lo son; los que tienen vida y los que no tienen vida; los que tienen el testimonio y los que no tienen el testimonio; los que aman a Dios y los que no; los que cumplen sus mandamientos y los que no. Hay una línea trazada, y usted verá esa misma línea trazada a lo largo de todo el Nuevo Testamento.

Una de las condiciones para que nuestras oraciones reciban respuesta es que debemos tener una relación de paz con Dios. En Gálatas 3:26 dice: "pues todos sois hijos de Dios por la fe en Cristo Jesús". Estos son los únicos que pueden decir: "Padre nuestro que estás en el cielo".

En segundo lugar, en 1 Juan 3:19-22 leemos que es necesaria una buena conciencia antes de orar si queremos que nuestras oraciones reciban respuesta. El corazón inocente es el corazón confiado, y el hombre que tiene un corazón que le inquieta, una mala conciencia, nunca puede creer. Puede orar, y puede orar sin descanso, pero no recibirá nada por sus oraciones porque Dios no escuchará la oración de alguien que permite que haya pecados sin confesar instalados en su corazón. Si tiene una mala conciencia, el Espíritu Santo nos dice que sus oraciones no valen de nada; pero, si su conciencia está limpia, tiene confianza en Dios, y todo lo que pide lo recibe.

También debemos orar según la voluntad de Dios. Primera de Juan 5:14-15 dice: "Y esta es la confianza que tenemos en él, que si pedimos alguna cosa conforme a su voluntad, él nos oye. Y si sabemos que él nos oye en cualquiera cosa que pidamos, sabemos que tenemos las peticiones que le hayamos hecho".

Que Dios nos escuche y nos responda es una misma cosa. Una es equivalente a la otra. Cuando Dios escucha la oración la responde, y sabemos que tenemos lo que le hayamos pedido. Pero debemos orar conforme a la voluntad de Dios; Dios no escucha ninguna oración que sea contraria a su voluntad.

Si la gente ora egoístamente fuera de la voluntad de Dios, no es posible que ore con confianza. Oran sin fe; y, si oran sin fe, oran sin eficacia.

Hay dos maneras en las que podemos conocer la voluntad de Dios: mediante las Escrituras (la Palabra de Dios), y mediante el Espíritu Santo.

Lo primero y más importante son las Escrituras. Podemos saber que ciertas cosas están dentro de la voluntad de Dios porque están en la Palabra de Dios y, por lo tanto, podemos orar dentro de esos parámetros sabiendo que la Palabra de Dios nos da plena autoridad para orar por esas cosas. Y, cuando las Escrituras no cubren ciertos detalles, tenemos al bendito Espíritu Santo que puede susurrar a nuestro corazón la voluntad de Dios. Estos susurros nunca serán contrarios a las Escrituras, aunque tal vez no haya un texto específico que se refiera a ello.

Siempre deberíamos comenzar usando las Escrituras para orar dentro de la voluntad de Dios. No se puede conocer la sabiduría de Dios sin apelar a las Escrituras, y Dios responderá esas oraciones y nos dará la sabiduría que necesitamos para conocer su voluntad. No tiene sentido orar fuera de la voluntad de Dios. Si usted ora dentro de la voluntad de Dios, Él le escucha. Si Él le escucha, responde su oración. En otras palabras, usted debería incluso hacer sus oraciones para saber cómo quiere Dios que ore. Esto me ha guiado durante toda mi vida cristiana.

No espere que sus oraciones sean respondidas de inmediato. Claro está que hay algunas oraciones que deben recibir respuesta de inmediato o no serán respondidas. Cuando Pedro dijo: "¡Señor, ayúdame!" cuando se hundía en el mar, necesitaba una respuesta inmediata o Pedro no existiría más. Hubieran tenido que pescarlo y enterrarlo.

Sin embargo, la mayoría de las oraciones pueden recibir respuesta con el tiempo. En ocasiones, Dios permite que nuestras oraciones se demoren un tiempo. Eso es por nuestro propio bien, para que aprendamos la paciencia y a confiar en Él, así como para tener la oportunidad de ser disciplinados, corregidos y enseñados. También no da algo de tiempo para ver si esa oración es o no de Dios, y si deberíamos continuar haciéndola o no.

Creo que hay tantos rituales en la iglesia protestante promedio como en las iglesias católicas o luteranas, o en otras "grandes" iglesias. Ellos imprimen oraciones y las repiten, y nosotros recordamos las nuestras y las repetimos. No hay una gran diferencia. Yo podría hacer una oración pastoral a las nueve en punto cualquier noche, colgado de los dedos de los pies en un tendedero, y saber exactamente qué entonación darle, cómo hacer que funcione, y cómo terminarla. Se convierte en un hábito religioso. Por la gracia de Dios, yo quiero ser librado de eso, aunque signifique que mis oraciones no puedan ser hermosas y elocuentes. Tiene que ser una oración franca.

Hasta este momento me he enfocado en tener una relación correcta con Dios. Usted debe tener una buena conciencia, y sus oraciones deben ser conforme a la voluntad de Dios y en el nombre de Jesús. Pero ahora quiero enfocarme en la asombrosa promesa de Juan 14:13-14: "Y todo lo que pidiereis al Padre en mi nombre, lo haré, para que el Padre sea glorificado en el Hijo. Si algo pidiereis en mi nombre, yo lo haré".

Esta promesa es tan abrumadora que no la creerá, y es tan enorme que apenas si yo mismo puedo creerla. Oro para que pueda creerla, intento creerla, y clamo: "Oh Señor, creo; ayuda mi incredulidad". ¿Sabe usted lo que dice este versículo? Dios está dando un poder notarial a las personas que oran.

¿Sabe lo que es un poder notarial? Usted va a un abogado y firma ciertos documentos para darle a alguien el derecho de actuar en cualquier cosa que tenga que ver con sus negocios. Esa persona puede comprometerlo a usted a hacer cualquier cosa. Esta promesa bíblica da al cristiano un poder notarial con Dios.

Permítame decirlo de otra manera. Esta promesa le da a cualquier hijo de Dios el Sello Real. En los tiempos bíblicos no tenían máquinas de escribir, telégrafos, televisores, radios, ni todas las demás cosas que tenemos hoy día; sin embargo, un hombre en autoridad tenía su sello (un Sello Real), y ese Sello Real tenía que estar en todos los documentos o de lo contrario no serían válidos. Todo aquello que saliera del rey sin tener el Sello Real era destruido, y se menospreciaba a tal mensajero.

Pero todo lo que se enviaba con el Sello Real, debía llevarse a cabo de inmediato.

En los tiempos del Antiguo Testamento, José recibió el sello del faraón, lo cual significaba que cualquier cosa que José hacía, el rey tenía que respaldarlo. El Sello Real por lo general era un anillo, de ahí es de donde tenemos nuestra palabra *sello* para referirnos a un tipo concreto de anillo.

De vez en cuando, usted verá a algunas personas que llevan un sello con sus iniciales grabadas en él, lo cual es un vestigio de los tiempos pasados. Para no tener que buscar por todas partes su sello cuando lo necesitara, el rey lo llevaba puesto siempre en su dedo. Lo único que tenía que hacer era darle la vuelta y presionar con él sobre cera caliente en una carta, y la carta tenía el sello de inmediato.

Jesucristo puso su Sello Real en manos de su pueblo. Cuando el rey le daba el Sello Real a alguien, esa persona podía ir a cualquier lugar dentro de los dominios del rey y actuar en nombre del rey. Tenía toda la autoridad del rey y el poder del rey. No había nadie, desde el policía de la esquina hasta un ayudante, que no prestara atención cuando se decía algo en nombre del Sello Real.

Eso es exactamente lo que Jesús tenía en mente cuando dijo: "Y todo lo que pidiereis al Padre en mi nombre, lo haré". Con ello estaba concediéndonos el Sello Real. "Pongo mi anillo en su dedo, y lo único que tienen que hacer es orar, voltearlo, y estampar la oración con mi nombre, y llevará el poder del Rey". Sus oraciones tienen poder real, una autoridad absoluta.

Antes de introducir esta idea, dije que usted no lo creería, y que a mí mismo me cuesta creerlo; sin embargo, es cierto. Creo que es cierto, aunque resulte difícil creerlo. Nuestra incredulidad nos dice que tal vez fue cierto en otro momento, pero no ahora. Quizá en algún otro lugar, pero no aquí. Puede que para alguien más, pero no para mí.

Pero la fe dice que, si sucedió en otro lugar, va a suceder aquí. Si le ocurrió a otras personas, me va a ocurrir a mí. Si sucedió en algún otro momento, va a suceder ahora. *Oh Señor, ayuda nuestra incredulidad.* Dios pone en manos de sus hijos el Sello Real.

Dios no es necio, y no dará el Sello Real a la persona equivocada. El Rey nunca le daría el Sello Real a un proscrito. Tampoco le daría el anillo a alguien que Él pensara que lo iba a traicionar. En cambio, les dio el Sello Real solamente a quienes demostraron ser dignos de toda confianza.

Antes de que Jesús les dé el Sello Real a sus hijos, dice: "Debes tener una relación correcta con mi Padre mediante el nuevo nacimiento, para que puedas decir: 'Padre nuestro que estás en el cielo'. Debes tener una conciencia limpia. Si tu conciencia está contra ti, ¿cómo puedes usar algo santo como mi nombre? Debes actuar en la voluntad de mi Padre, porque si no estás en la voluntad de mi Padre, entonces estás en rebeldía, y ¿cómo podría darle el Sello Real a alguien que está en rebeldía?".

Habiendo cumplido estas pruebas: ser buenos hijos de Dios con conciencias limpias, viviendo, andando en la voluntad de Dios, y orando en la voluntad de Dios, tenemos toda la autoridad que Jesús tiene para mover el cielo y la tierra. ¿Cree usted eso? Eso es lo que dice el Nuevo Testamento. Nuestra torcida incredulidad es la razón por la que no lo ponemos en práctica.

Observemos el pasaje en Mateo 7:7-8 que dice: "Pedid, y se os dará; buscad, y hallaréis; llamad, y se os abrirá. Porque todo aquel que pide, recibe; y el que busca, halla; y al que llama, se le abrirá".

Incluso los pecadores aman a sus hijos y quieren darles todo lo que quieran (si es bueno para ellos). ¿Cuánto más su Padre celestial no les dará cosas a los que se lo piden? Observemos que Mateo 7:11 no dice cuánto más su Padre que está en el cielo dará *cualquier cosa* a los que se lo pidan.

Yo no le daría un revolver o una hoja de afeitar a un niño de dos años. No le daría una caja de chocolates de un kilo a un niño. Quiero dar *cosas buenas* a ese niño. Solamente cosas buenas están en la voluntad de Dios, y las cosas buenas son las cosas que usted quiere si está en paz con Dios.

Regresemos a la idea de esperar la respuesta de Dios. En Marcos 11:22-24, Jesús les dijo a sus oyentes que tuvieran fe en Dios: "Porque de cierto os digo que cualquiera que dijere a este monte: Quítate y échate en el mar, y no dudare en su corazón, sino creyere que será hecho lo que dice, lo que diga le será hecho. Por tanto, os digo que todo lo que pidiereis orando, creed que lo recibiréis, y os vendrá".

Creo que la fe verdadera se puede permitir esperar. La gracia de Dios a menudo opera mediante eventos naturales. Si usted quiere una mazorca, plante un grano de maíz y espere. Cultívelo y vea cómo crece. "Porque de suyo lleva fruto la tierra, primero hierba, luego espiga, después grano lleno en la espiga" (Marcos 4:28). Así es como Dios actúa. Dios no trabaja con máquinas tragamonedas.

Yo estoy llevando por mi cuenta una cruzada contra la religión de las máquinas tragamonedas. Ponga una moneda en la ranura y consiga lo que usted quiera. Así es como actúa la gente, pero no es así como Dios actúa.

Si Dios quiere pollitos, hace que mamá gallina se siente pacientemente por veintiún días hasta que el huevo rompe el cascarón. Yo solía compadecerme de las gallinas por tener que esperar todo ese tiempo. En algunos pájaros son veintiocho días, y en otros es incluso más. Si Dios quiere un roble, tarda veinte años en crecer. Si quiere trigo, necesita todo el invierno y hasta julio del año siguiente. El Dios de la naturaleza es también el Dios de gracia; por lo tanto, creo que no tenemos que meterle prisa al cielo cuando oramos. Debiéramos orar en la voluntad de Dios y después ver cómo Dios obra lentamente.

Yo le he pedido cosas a Dios y casi me desalenté, y después finalmente vi que comenzaban a suceder. Los estadounidenses tenemos aldabas de latón en las puertas, y si suenan tres veces, ya queremos entrar corriendo. El reino del cielo puede esperar, usted puede esperar, y yo puedo esperar. Confiemos en Dios y seamos pacientes. Algunas personas en el Antiguo Testamento, incluso en el capítulo 11 de Hebreos, la Westminster Abbey de la Biblia, murieron antes de que sus oraciones fueran contestadas.

Te pido, oh Padre celestial, que espere pacientemente en ti la respuesta a mis oraciones. Examinaré tu Palabra para asegurarme de orar dentro de los límites de tu voluntad. Bendice mis oraciones hoy, en el nombre de Jesús. Amén.

CÓMO ORAR CON ÉXITO

*Pedís, y no recibís, porque pedís mal,
para gastar en vuestros deleites.*
Santiago 4:3

Si usted quiere orar con éxito, y doy por hecho que quiere, toda su vida tiene que orar. Orar solo en el último minuto cuando está en una emergencia no es lo que Dios quiere.

Dios a veces responde a oraciones de emergencia, no cabe duda de eso. A menudo las personas preguntan si Dios escucha las oraciones asustadas. Él escucha las oraciones de su verdadero pueblo pase lo que pase, lo cual significa que escucha nuestras oraciones de emergencia.

No le diré que su vida debe ser perfecta para que Dios escuche sus oraciones, pero le diré que aunque Dios en ocasiones escucha las oraciones de emergencia, eso no es lo que más quiere. Lo que más quiere es que vivamos del mismo modo que oramos.

En su libro más famoso, *Un serio llamado a una vida de devoción y santidad*, William Law establece un argumento que leí hace veinticinco años atrás, y se ha quedado en mi mente desde entonces. Dice que nuestro problema es que frecuentemente oramos de una forma y andamos de otra, y por eso nos traicionamos a nosotros mismos. Por lo tanto, dijo él, debemos andar del mismo modo que oramos. Nuestra oración tiene que ir por donde vaya nuestra vida. El hombre que anda por una senda santa puede hacer una oración santa, pero si intenta hacer una oración santa y camina de forma impía, se está traicionando a sí mismo. Por lo tanto, ruega que el pueblo de Dios comience a vivir del mismo modo que ora. A eso me refiero aquí.

Toda nuestra vida debería orar. Con esto me refiero a que toda nuestra vida debería ser una oración, un sacrificio sobre el altar. No debería haber nada en mi vida que pueda cancelar mis oraciones. No debería haber nada en mi conducta, mis pensamientos, obras, ambiciones, o relaciones con los demás que pudiera imposibilitar que Dios responda mi oración.

Creo que la oración más grande e importante del mundo es la oración no verbalizada de una gran vida. Jesús oraba constantemente. Hacía largas oraciones. Oraba antes de comer. Oraba en compañía. Oraba con otros. Oraba a solas. Hacía todo tipo de oraciones que imagino que había; sin embargo, la oración más grande que hizo jamás fue el camino que realizó desde que era un niño pequeño en la carpintería de José hasta que lo clavaron en la cruz. Su vida fue su mayor oración.

La Biblia dice que Jesús ruega por nosotros a la diestra de Dios el Padre Todopoderoso, intercediendo por nosotros continuamente. Eso ha dado a muchas personas la impresión de que Jesucristo está involucrado en una oración perpetua, arrodillado delante del Padre e intercediendo para siempre. No, su presencia es la oración más elocuente de todo el universo. Él está delante de Dios, llevando nuestra naturaleza, nuestra forma y nuestro aspecto. Un ángel que camina por el cielo podría ver esa silueta y decir que ha llegado un hombre. Hay un hombre en el cielo. Nuestro hombre. El hombre de Dios. El hombre ejemplar. El segundo Adán. Su presencia a la diestra de Dios es una oración muy elocuente para usted y para mí. Él lleva nuestros nombres en sus manos, sus hombros y su pecho. Allí delante del Padre, su elocuente presencia es su oración poderosamente eficaz.

De modo similar, creo que la oración más grande del mundo es la oración de la vida que está avanzando en dirección correcta. No quiero "espiritualizar" la oración para que no pierda su sentido, ni darle un giro místico y aliviarnos del privilegio y la necesidad de orar por cosas específicas y esperarlas. Hagamos eso también. Sin embargo, creo que una persona será muy incapaz al orar si tiene que bañarse, cortarse el cabello rápidamente, y enderezarse al entrar en la presencia de Dios. Debería haber estado así todo el tiempo. Un hombre que se permite dejarse crecer la barba durante cuatro días, llevar ropas sucias, y después de repente tiene que comparecer ante el Rey, tiene que hacer algún juego de pies rápido para prepararse para la aparición real. Pero debería estar preparado siempre; me refiero a estarlo moralmente, claro está. Dios no necesita que usted se vista elegante para Él. El pueblo de Dios nunca debería necesitar apresurarse y arreglarse moralmente y espiritualmente para entrar en la presencia de su Rey. Debería vivir de tal forma, que pueda entrar en su presencia en cualquier momento sin avergonzarse. Deberían tener puesta la vestimenta adecuada para entrar en su presencia.

Santiago 4:2-3 dice: "pero no tenéis lo que deseáis, porque no pedís. Pedís, y no recibís, porque pedís mal, para gastar en vuestros deleites". En Juan 16:24, Jesús dice: "pedid, y recibiréis".

Aquí tenemos la palabra *pedir* cuatro veces. No tienen porque no piden, y no tener es el castigo por no orar. Podrían tener lo que quieren o necesitan si lo hubieran pedido. No están pidiendo, por eso no tienen. Que tengamos tan poco puede que sea el resultado de lo poco que pedimos.

Sin embargo, el versículo también dice que "pedís, y no recibís, porque pedís mal, para gastar en vuestros deleites". Ese es el castigo del egocentrismo. Pedir de modo egoísta para gastarlo en mis propios placeres, o dicho de otra forma, con las motivaciones incorrectas, hará que sea imposible que Dios responda.

Sin embargo, si usted pide con las motivaciones correctas, recibirá. Esa es la recompensa de la fidelidad. *No tiene porque no pide* es el castigo por la falta de oración.

Espero que esto le haya animado a saber que la oración no es simplemente algo que los religiosos musitan, sino una ciencia, un arte, y una destreza que podemos aprender por la gracia de Dios. Es un privilegio a disfrutar y una autoridad a la que rendirse, porque estos son los derechos que usted y yo tenemos en el Cordero. Podemos acudir a Dios y pedir lo que queramos, y será hecho. ¿Lo cree? ¿Lo practicará entonces más de lo que lo ha practicado hasta ahora? ¿Orará quince minutos más al día de lo que ha estado orando? ¿Se apropiará de esto? ¿Se atreverá a acudir a Dios?

Desear, por otro lado, no es lo mismo que orar. Tenemos que dejar de desear cuando deberíamos estar orando. Las ovejas pobres de Dios siempre están deseando, deseando, y deseando. Somos como un granjero que se sienta en su porche y desea tener diez acres de maizales. Llama a su esposa y le dice: "María, ¿te pones de mi lado para desear diez acres de maizales?". Así que ella se pone de su lado. Le dice: "Jorge, creo que debemos llamar a los vecinos. Creo que hay poder en los números. Llamemos a nuestros vecinos". Así que ella va al teléfono, llama tres veces, y cuando el vecino responde, ella dice: "Venga a nuestra casa. Jorge y yo estamos sentados en el porche, deseando tener diez acres de maizales". Ella conseguirá que el porche de su casa se llene de gente, todos ellos sentados allí deseando tener maíz.

Sé que suena ridículo, pero muchos de los hijos de Dios están haciendo lo mismo. Desean cosas. Deje de desear. Si debe tenerlo, ore y lo tendrá. Si puede conseguirlo sin pedirlo mediante un milagro, téngalo. Vaya y hágalo. Dios no hará lo que usted puede hacer, y no tiene sentido intentar hacer lo que solo Dios puede hacer. Podemos enredarnos en intentar hacer por nosotros mismos lo que solamente Dios puede hacer, y pedir a Dios que haga lo que nosotros podemos hacer solos.

Recuerdo una vieja historia de D. L. Moody. Fue a una reunión de oración cierto día en la que había muchos hombres de dinero: cristianos adinerados. Al entrar, lo único que vio fueron las suelas de muchos de los zapatos de los empresarios que había en el círculo, y le estaban pidiendo a Dios mil quinientos dólares. Moody, siempre claro y directo, dijo: "Hermanos, levántense. No creo que deban seguir molestando a Dios con eso". Les dijo que cualquiera de ellos podía llenar un cheque y ni siquiera darse cuenta de que había salido de sus cuentas. Se habían arrodillado para pedirle al Dios Todopoderoso que les diera algo que podían conseguir firmando con una pluma. No malgaste su tiempo pidiendo cosas que puede hacer usted mismo. Sencillamente hágalo.

Dios no va a malcriarnos dándonos todo lo que queremos. Dios no le hará la cama. Dios no lavará sus platos. Dios no cortará su césped. Dios no quitará su nieve.

Si usted puede hacerlo, hágalo. No moleste a Dios con ello. Hay también muchas cosas que usted no puede hacer, y esas son las cosas que Dios quiere hacer por usted.

Dios se especializa en lo imposible. Con Dios todo es posible, y todo es posible para el que cree. Hay una esfera de imposibilidades, una esfera de proezas donde el cerebro humano y las manos del hombre no pueden hacer nada; solamente el Dios Todopoderoso puede obrar. Es ahí donde la oración se vuelve poderosa. La oración mueve la mano que mueve la naturaleza en el mundo. Si uste puede hacerlo, hágalo. Si Dios no quiere que usted lo tenga, no malgaste su tiempo deseándolo, pues solamente aprenderá malos hábitos mentales. Si Dios no quiere que lo tenga, no lo quiera. Si Él quiere que lo tenga y no puede conseguirlo honestamente, ore por ello; es decir, si está dentro de la voluntad de Dios, si no es egoísta, si es para la gloria de Dios, y si es para el bien de la humanidad. Si se cumplen todas esas cosas, entonces ore por ello, y el Señor responderá a sus oraciones.

Usted tiene el Sello Real. Espero que aprenda a usarlo. ¿Qué podríamos hacer si aprendiéramos a usar la autoridad que nos ha dado nuestro Salvador? Deliberadamente no estamos usando los métodos del hombre en la iglesia. Los hemos repudiado como mal oportunismo y métodos de publicidad. Intentamos hacer las cosas según el Nuevo Testamento. Pero, cuidado, porque si escogemos la forma del Nuevo Testamento, entonces debemos tener el espíritu el Nuevo Testamento. Adoptar la forma del Nuevo Testamento y después no vivir la vida del Nuevo Testamento sería actuar contra nosotros mismos.

Creamos juntos a Dios, y oremos más de lo que hemos orado hasta ahora. No tienen porque no piden. Ponga la oración a trabajar. Vea lo que Dios puede hacer por usted y su familia, por su negocio, su hogar, su iglesia, su vida, y su país. En cualquier lugar que esté dentro de la voluntad de Dios crecerá la hierba verde junto a las corrientes de las aguas, y donde solían vivir los dragones, florecerán las rosas. Comprobará que es maravillosamente enriquecido mientras ora, creyendo.

Padre celestial, te damos gracias por el privilegio de la oración. Gracias porque no estamos desconectados del cielo. Te damos gracias porque inclinas tu oído a nosotros y nos escuchas. Te confesamos nuestra incredulidad tambaleante y nuestra duda. Te confesamos, Señor, que como cuerpo no nos hemos atrevido a ser tan valientes como deberíamos, pero queremos corregir eso. Queremos atrevernos a acudir confiadamente al trono de la gracia y pedir lo que necesitamos. Gracias por las respuestas que hemos visto, respuestas maravillosas, Señor, que no podrían haber venido si tú no las hubieras enviado.

Pero aún hay algunas cosas sin respuesta. Oh Señor, te pedimos que podamos ser una iglesia que ora. Haz que estas personas sean tan valientes, tan agresivas en oración, que clamen a ti y se atrevan a seguir orando hasta que llegue la respuesta, aunque tarde semanas, meses, y en algunos casos incluso años, pero las respuestas llegarán con nuestro Dios. Enséñanos a orar, oh Señor; enséñanos a orar en el nombre de Jesús. Amén.

14

COSAS QUE LA ORACIÓN HARÁ POR USTED

En aquel día pediréis en mi nombre; y no os digo que yo rogaré al Padre por vosotros, pues el Padre mismo os ama, porque vosotros me habéis amado, y habéis creído que yo salí de Dios.
Juan 16:26-27

Y todo lo que pidiereis al Padre en mi nombre, lo haré, para que el Padre sea glorificado en el Hijo. Si algo pidiereis en mi nombre, yo lo haré.
Juan 14:13-14

Si permanecéis en mí, y mis palabras permanecen en vosotros, pedid todo lo que queréis, y os será hecho.
Juan 15:7

Quiero bosquejar brevemente en este capítulo las cosas que la oración hará por nosotros y lo que podemos esperar que Dios haga en respuesta a la oración.

Hay siete provincias de oración, y cualquiera de ellas sería merecedora de todo un capítulo. Las provincias son nuestra vida espiritual personal, nuestro cuerpo, nuestra familia, nuestras necesidades materiales, nuestros amigos, nuestro país, y el progreso del evangelio. En este capítulo, el progreso del evangelio es el que recibirá el mayor énfasis.

Pero antes, una nota sobre la participación de Dios en cada aspecto de nuestra vida. Algunos dicen que no tiene sentido el hablar a Dios sobre ninguna de estas cosas, que es imposible creer que un Dios tan grande como el Dios que habla en el trueno, el Dios Todopoderoso que sostiene el mundo en sus manos, pudiera estar interesado en estos pequeños detalles. Conciben a Dios como el director del consejo o el presidente de una gran empresa. Pedir al presidente de la compañía que reponga los vasos de papel de la máquina expendedora de agua fría es parecido a pedirle al Dios altísimo que se interese por alguno de los pequeños detalles de nuestra vida.

Sin embargo, si hay algo que logró la encarnación de Jesús, fue destruir la idea de un Dios demasiado grande para los detalles. Cuando Jesucristo, el Hijo eterno, antes de ser encarnado dejó el cielo, descendió en forma de hombre y tomó nuestra naturaleza y nuestra carne, se convirtió en uno de nosotros. Es decir, alguien sin nuestra naturaleza pecaminosa. De eso debemos concluir que Dios está interesado en nosotros en detalle, que Dios no es el presidente de una empresa en un lugar alejado de los trabajadores, o la figura más alta en una escala descendente de otras figuras importantes. Dios, siendo quien es, puede ocuparse de los gorriones, la hierba, y el lirio.

Jesús dijo que "aun los cabellos de vuestra cabeza están todos contados" (Lucas 12:7). Él dijo que el Padre observaba la caída del gorrión. La Biblia enseña que Dios, el Padre Todopoderoso, estuvo interesado en el cuidado del profeta Elías y envió un ángel para cocinarle una torta de cebada para que comiera. Leemos en el Nuevo Testamento que, cuando Pedro estaba en la cárcel, el gran Dios envió un ángel con una túnica, la túnica de Pedro, y le dijo que se la pusiera porque hacía frío afuera. También le puso zapatos en los pies antes de que el ángel lo sacara por las puertas cerradas, demostrando que Dios el Padre, como es omnisciente, omnipresente y eminente, puede ocuparse de todos los detalles de su pueblo sin incomodarse y sin confundirse.

Como Dios es Dios, puede hacer todo tan fácil como cualquier cosa. Él puede hacer todas las cosas sin esfuerzo. Los ojos de Dios recorren la tierra, y ve no solo a todo el mundo que vive, sino todos los cabellos en las cabezas de las personas que viven. Él no solo ve los pájaros que salieron del cascarón, sino que también ve todas las plumas de sus alas. Si falta una pluma, Él sabe dónde cayó. La Biblia nos enseña que Dios está personalmente interesado en nosotros y en nuestros detalles.

Ahora, regresando a las siete provincias de la oración, enfoquémonos en nuestra vida espiritual. Dios está interesado en su bienestar espiritual, y está listo para escucharle orar al respecto. Cuando David se metió en problemas por su pecado, se arrodilló y habló con Dios al respecto, como usted puede hablar con un doctor. Dejó que Dios lo examinara, analizara, diagnosticara y encontrara lo que estaba mal en él para que Dios pudiera sanarlo de nuevo. Usted y yo podemos ir y deberíamos ir a Dios del mismo modo.

Claro que no deberíamos malgastar nuestro tiempo en nosotros mismos. Es un tipo de oración decididamente egoísta si siempre estoy hablando de yo, mi, me, y conmigo. Pero, antes de poder orar correctamente por alguien, tenemos que estar bien nosotros mismos y, por lo tanto, podemos acudir a Dios con todos los detalles de nuestra vida espiritual. Usted tiene el perfecto derecho de hablar con Él sobre cualquier cosa que le inquiete, y Él le escuchará de modo atento y empático, poniendo atención a todos los detalles. Su vida espiritual personal es importante para Él.

En segundo lugar, podemos orar por nuestro cuerpo. Muchos no creen que Dios esté interesado en nuestro cuerpo humano. Ah, pero cuando Dios se arrodilló, como dijo el poeta, del río sacó barro. Ahí nuestro gran Dios, como una mujer que se inclina sobre su bebé, trabajó con el montón de barro hasta que le dio la forma de un hombre, y después sopló aliento de vida en él. El hombre se convirtió así en un ser viviente, y Dios santificó el cuerpo humano. De modo similar, cuando Dios el Hijo descendió al cuerpo de la virgen María, haciendo que su cuerpo creciera hasta ser adulto y ser un cuerpo humano totalmente maduro con todas sus funciones, barrió por completo cualquier duda que diga que Dios no está interesado en nuestro cuerpo.

Hay un versículo, 1 Corintios 6:13, que dice: "nuestro cuerpo fue creado… para el Señor, y al Señor le importa nuestro cuerpo" (NTV). El Señor está interesado en el cuerpo humano; no crea que no lo está. Él está interesado en usted. Él está interesado en su cuerpo, y usted y yo tenemos el derecho de ir a Dios creyendo eso. Dios también está interesado en su bebé. Dios está interesado en si tiene fiebre o no.

Creo que, en la voluntad de Dios, tengo el derecho de esperar liberación si estoy dentro de su orden, parar así poder alabarlo. No creo que pueda comer como quiera, vivir como quiera o hacer lo que quiera, usando mis facultades y mis capacidades para mi entretenimiento, gozo y disfrute, yendo por el mundo a ver lo que puedo sacar de él, y después correr al Señor y esperar que Él haga un milagro de liberación. No creo eso, y no respetaría a un Dios que atendiera ese tipo de cosas. Pero el hijo de Dios que camina en humildad delante de Él puede acudir al Padre celestial y obtener la liberación que necesite.

El cuerpo humano está dentro de la provincia de oraciones que Dios responderá.

Algunos no oran por nada que esté fuera de su familia. Ciertamente, a Dios le importa nuestra familia y escucha nuestras oraciones en lo tocante a ello. Se nos anima a orar por nuestra familia sabiendo que Dios escucha esas oraciones. Nuestras oraciones, sin embargo, deberían ir más allá de nuestra familia y nuestras necesidades personales.

Después están las necesidades personales. Algunas personas, cuando se meten en algún problema, quieren frotar la lámpara de Aladín y hacer que Dios sea su sirviente. El Señor no es nuestro socio que nos hace los recados. Él no se asegurará de que usted reciba la ayuda que necesita para que su prosperidad aumente. Algunos creen que, para que Dios esté de su lado, deben dar el diezmo de su dinero. En otras palabras, Dios trabaja con una comisión de un diez por ciento. Si Él le mantiene próspero recibe más, y cuanto más le prospera a usted, más consigue Él.

No, Dios no necesita su dinero. La única razón por la que usted tiene algo de dinero para dar a Dios es porque Él le dio ese dinero en un principio. Es como recibir un regalo de Navidad de su hijo de cuatro años. ¿De dónde consiguió él el dinero? Usted se lo dio. Usted es quien da el dinero para el regalo de Navidad, y él acude a usted de modo tan inocente como si se lo hubiera ganado trabajando. Cuando usted le da algo a Dios, Dios se lo dio a usted antes. Por lo tanto, Dios no necesita su dinero.

El Señor tiene mucho dinero. Piense bien en ello. Piense en el uranio que Dios tiene, el oro, la plata, y las perlas. Si cree que puede comprar a Dios, estar en paz con el Señor, o recibir favores especiales de Dios por su generosidad, ya puede empezar ahora mismo a cerrar su billetera. Dios no actuará según porcentajes o con comisiones, pero si usted quiere cosas para dar honor a Dios, Él bendecirá su negocio, le ayudará, y trabajará con usted. Él está interesado en su alma, y también le interesa lo que hará por usted lo que Él le dé.

El obrero tiene todo el derecho de acudir a Dios. De hecho, debería consagrar su empresa o su profesión al Padre celestial. Él bendice al granjero que glorifica a Dios con su vida. Él bendice al trabajador que glorifica a Dios en su hogar y en su trabajo. Él bendice al empresario que glorifica a Dios en su negocio. Él bendice al profesional que lleva a Dios a su profesión. Pero no hace recados para nadie, y Él no es el chico del agua para un empresario cristiano orgulloso. Si somos humildes y mansos, si vivimos para la gloria de Dios, viviendo para alabarlo y para el bien de nuestros congéneres, Dios obrará en nuestros libros de cuentas y en nuestras ventas. Él obrará en nuestros trabajos y nos ayudará.

Nuestros amigos también están dentro de la provincia de la oración. Me refiero a nuestra intercesión por otros. Sin embargo, debemos orar por otras personas sin meter las narices en sus asuntos. A algunas personas no les importa y no se preocupan de nadie. Otras personas son tan cuidadosas con todos, que corren peligro de cometer intrusismo. Tengamos cuidado con eso. No se entrometa en los asuntos de otras personas, pero si sabe dónde sería útil una oración, o si alguien le pide oración y consejo, entonces tiene el derecho de llevar a esa persona en su corazón como si usted fuera esa persona, intercediendo en una unidad que hace que los dos sean uno.

Dios responderá oraciones por sus amigos. Tiene el derecho de acudir a Él a pedir por sus amigos, sus vecinos y sus familiares, e interceder demostrando que usted lleva la carga como Jesús la llevó.

También podemos orar por nuestro país. Dios nos oirá cuando oramos por nuestra nación. Yo no llevo asuntos políticos al púlpito, pero tengo el derecho de acudir a Dios con respecto a lo que veo. Tengo el derecho de acercarme a Él de forma individual como cristiano, o como iglesia, y orar para que ponga sus brazos de protección alrededor de esta tierra de libertad. Nuestro peor enemigo no es otro país. Nuestro peor enemigo somos nosotros mismos. Nuestro país tiene que limpiarse, iluminarse, orar, y estar en paz con Dios, y nuestros predicadores tienen que predicar de nuevo la Palabra de Dios. Si nos arrepintiéramos, ni siquiera todos los ejércitos del mundo podrán destruirnos, porque nuestras columnas estarían profundamente establecidas en la teología si nuestro país estuviera dedicado a la gloria de Dios. Sin importar cuántos ejércitos se reúnan contra nosotros, no podrían destruir nuestro país a menos que nosotros mismos nos destruyamos desde dentro. Sin embargo, si estamos podridos por dentro, nos derrumbaremos y caeremos como les pasó a los romanos.

Padre nuestro, te pedimos que un verdadero espíritu de oración, ese tipo de oración de intercesión que solo tú puedes dar, se apodere de cada uno de nuestros corazones. Enséñanos el verdadero valor de la oración y haz de tu pueblo un pueblo de oración. Te lo pedimos en el nombre de Jesús. Amén.

15

ECHE TODA SU ANSIEDAD SOBRE ÉL

Humillaos, pues, bajo la poderosa mano de Dios, para que él os exalte cuando fuere tiempo; echando toda vuestra ansiedad sobre él, porque él tiene cuidado de vosotros.
1 Pedro 5:6-7

Un error común entre los cristianos es que aplican promesas a personas a las que Dios no tenía en mente. Las promesas del Padre son para los hijos del Padre, y siempre debiéramos recordar eso. Cuando los judíos en los tiempos de Jesús reclamaban ciertas promesas para ellos porque eran hijos de Abraham, Jesús decía: "Es ahí donde se equivocan. Si fueran hijos de Abraham, actuarían como su padre Abraham. Pero no son hijos de Abraham. Todas las promesas hechas a Abraham no son aplicables a los descendientes físicos de Abraham, sino a los que eran la simiente de Abraham según el Espíritu". La promesa del versículo de arriba es para los hijos de Dios.

Tengamos en mente, sin embargo, que estas promesas no solo son aplicables a los hijos de Dios prominentes o exitosos. Muchos buenos cristianos no son exitosos o prominentes. (Muchas personas maravillosas no están muy dotadas. Dios ha dado sus dones como ha visto oportuno, soberanamente mediante la naturaleza y la gracia). Tendemos a poner a los dotados en posiciones prominentes y exitosas, pero Dios no hace eso. Lo que se enfatiza en las Escrituras es la fidelidad y el amor, y la disposición de darle todo a Dios. Aparte de eso, no se hace mucha mención de tal éxito o prominencia. Por lo tanto, no imagine que esto no tiene que ver con usted solo porque no esté en una posición alta. Los débiles, los que batallan, y los desconocidos son tan queridos para Dios como los prominentes y exitosos.

Regresando a la promesa misma, consideremos la presencia del afán en el mundo. El afán, en este contexto por supuesto, se refiere a ansiedades y temores. Deberíamos recordar que los temores y las ansiedades no existen sin una razón. El optimismo en cada situación es irresponsable y poco realista. Nadie puede ser un buen juez de asuntos humanos y ser optimista todo el tiempo. De modo similar, toda estrategia para vencer el temor a la vez que se ignora su causa es engañosa, y quienes las siguen están viviendo en un paraíso de necios. Las causas de nuestros temores son reales, y tenemos que admitir su presencia.

Está la enfermedad, por ejemplo. Solamente la malaria se lleva cientos de miles de vidas cada año en el mundo, sin mencionar los millones que se llevan el cáncer y las enfermedades cardiacas, etc. Y también hay accidentes, incluso entre personas buenas. El mundo está lleno de enfermedad y dolor, lo cual hace que las personas se vuelvan ansiosas y aprensivas. Cuando algunas personas se asustan, se vuelven duras y maleducadas, y desarrollan un caparazón que los cubre como a una tortuga, esperando poder mantenerse lejos de los peligros y quedarse dentro de ese caparazón. Otros ponen rumbo a lo que llaman éxito, tal vez hacerse ricos, con la esperanza de poder comprar lo que haga falta. Sin embargo, se puede tener éxito y tener muchas cosas, y aun así estos temores se colarán. Las razones de ello están aquí. No se puede comprar la enfermedad y no se pueden comprar los accidentes. Y nadie podría nunca ser tan exitoso como para no tener miedo a una guerra. Nadie podría llegar tan arriba en el mundo como para no poder ser víctima de una traición o de una pérdida.

En cierto plano, buscar el placer es solo una reacción al temor: comamos, bebamos, y casémonos porque mañana moriremos. Si voy a morir mañana, mejor que disfrute de las cosas mientras puedo, sacando lo máximo de la vida. Por lo tanto, algunas personas se entregan al desenfreno, sin querer enfrentar sus ansiedades, razón por la cual si podemos pensar en una manera de entretener a las personas, animándolas a jugar, seguro que se puede conseguir mucho dinero.

Otras personas se vuelven un manojo de nervios, desarrollando trastornos mentales de todo tipo porque tienen miedo. Enfermedades y accidentes, la posibilidad de perder el empleo, traición, separación, pérdidas, la muerte; ¿hay alguien que pueda hacer frente a estos enemigos? Alguien tiene que hacerlo. No se irán por sí solos. "Ignórelos, y desaparecerán" no es algo que podamos decir de la muerte o incluso de la enfermedad.

Sin embargo, Dios dice: "Ahora camina delante de mí, y no dejaré que te ocurra nada que no sea bueno para ti. Cuando lo necesites dejaré que ocurra, pero cuidaré de ti como un médico cuida de su paciente, o como una mamá cuida de su hijo. No tienes que ser optimista e ignorar las cosas; puedes ser realista y admitir su presencia. No tienes que derrumbarte y ser encerrado en una institución, porque yo me encargaré de las cosas que temes".

Sí, Dios está en control, y se interesa por usted y sus necesidades. Eche toda su ansiedad sobre Él, porque Él cuida de usted. Ese es el resumen de la palabra del Señor para nosotros sobre este tema. Ese mismo tema lo vemos a lo largo del Antiguo Testamento y el Nuevo Testamento. El Salvador lo enseñó, y todos los apóstoles lo enseñan. Es simplemente esto: Dios se interesa personalmente por usted, usted como persona, y no solo por las masas.

Pensemos ahora en las masas, como cuando vemos gráficas o tablas en los periódicos en las que una figura representa a cinco millones de personas. Pero el Señor nunca piensa en bloques o en masas; Él piensa en individuos. Él piensa en cada oveja, en la una, en cada uno de sus hijos. Esa es la enseñanza de las Escrituras. Dios se interesa personalmente en usted. Dios no es demasiado alto y altivo para acordarse de que sus hijos están en la tierra donde hay enfermedades y accidentes que suceden cada día. Hay pérdida de empleos y preocupaciones económicas, y seres queridos que se separan o personas que se traicionan. Un muchacho que ha estado muy cerca de nosotros por muchos años sonrió y nos dio un apretón de manos, después se alejó para alistarse en el servicio militar.

La separación llega; algunas personas nunca regresan. Dios lo sabe, y dice: "Sé que ese es el tipo de mundo en el que viven, pero yo los sostengo para siempre. Conozco cada detalle de sus problemas, de todos sus problemas, y anticiparé cada acto del enemigo y cada acción de cualquier enemigo que pueda acercarse a ustedes. Yo iré delante". No solo eso, sino que Él acepta a nuestros enemigos como si fueran sus enemigos: "Yo seré enemigo de sus enemigos". Eso solo puede significar una cosa: que si un enemigo se vuelve contra mí, Dios se vuelve contra él. Si estoy parcialmente equivocado, Dios permitirá que ese enemigo llegue hasta mí y me castigue, pero Él nunca dejará que me destruya. Él nunca dejará que me llegue un golpe que no merezca.

Dios nunca golpea de modo inapropiado, y nunca deja que le suceda nada que no sea bueno para usted. Él dice: "Yo me encargo de esto. Suéltalo y deja de preocuparte. Estás de mi lado, y yo del tuyo".

Por lo tanto, eche toda su ansiedad sobre Él. Esto debe hacerse mediante un firme acto de la voluntad. No llegamos ahí al crecer. Si usted fuera caminando y tuviera una gran carga, y yo le dijera que me dejara llevarla un rato, usted no me la daría gradualmente. O bien me la daría o seguiría con ella, y el acto de pasar la carga de usted a mí se produciría en un instante. En un momento tiene la carga, y al instante la tengo yo.

Tiene que hacerlo mediante un firme acto de su voluntad. ¿Por qué no hace eso mismo ahora? Usted está confiando en Dios pero bajo una pesada carga. ¿Por qué no entregarle esa carga al Señor? ¿No quiere hacerlo? Está caminando con el Señor. Es una persona humilde que confía en la gracia de Dios; usted sabe que es su hijo, y que sus promesas son para usted. Entonces, ¿por qué no echa sus afanes sobre Él?

Señor, somos una compañía de personas cristianas. Te hemos dicho sí a ti y no al mundo. Tú nos has dado vida eterna y estamos bendecidos, pero confesamos, Padre, que estamos en un mundo mortal y peligroso; somos como diminutos conejos de los bosques o como el ciervo en el bosque. Vivimos manteniéndonos en alerta. Existimos solo porque estamos vigilantes. Eso nos hace estar nerviosos, ansiosos, y llenos de todo tipo de aprensión y de temores, y no es agradable estar así. Tú cuidas de nosotros. Tú nos rodeas; estás debajo, delante y detrás de nosotros; ayúdanos, y oramos que podamos echar toda nuestra ansiedad sobre ti.

Te entregamos los temores laborales y los domésticos; algunos están preocupados por sus hijos, preocupados por lo que harán y por dónde irán cuando ya no estén bajo el cuidado parental. Dios mío, tú has visto a lo largo de miles de años crecer a generaciones. Padres han soñado con sus hijos porque pronto crecerían y se irían de su cuidado. Mi Señor, ayúdanos a orar para que podamos entregarte el futuro de nuestros hijos. Ayúdanos a entregarte el temor a la enfermedad y a todas las demás cosas malas. Sálvanos mientras oramos desde todos estos temores. Te entregamos nuestros afanes. Tú tomarás toda la carga miserable y agotadora de las aprensiones y ansiedades. Amén.

16

LA BENDICIÓN QUE RESIDE EN LA ORACIÓN

*Ten piedad de mí, oh Dios,
conforme a tu misericordia;
Conforme a la multitud de tus piedades borra mis rebeliones.
Purifícame con hisopo, y seré limpio…
Y renueva un espíritu recto dentro de mí.
Vuélveme el gozo de tu salvación…*
Salmos 51:1, 7, 10, 12

Hay dos conceptos de la oración que parecen ser mutuamente excluyentes entre sí. Uno es lo que llamamos el concepto objetivo, y el otro es el subjetivo. Cuando algunas personas hablan sobre la oración, se enfocan en lo subjetivo: yo, el sujeto, estoy orando, y estoy enfocado en lo que la oración puede hacer por mí. Me relaja, me calma, me inspira, y tal vez me ilumina en alguna medida. Por lo tanto, para mí es subjetivamente valiosa.

Eso es casi todo lo que uno escucha hoy día sobre la oración. Hablamos sobre lo que la oración hizo para calmarme, lo que la oración hizo para relajarme, lo que la oración hizo para tranquilizarme. El elemento subjetivo es el enfoque de la mayoría de artículos y sermones.

Sin embargo, después está el elemento objetivo que se refiere a lo que la oración hace para cambiar las cosas. Los que creen en el poder objetivo de la oración creen en su poder para cambiar el mundo que nos rodea.

Muchas personas no creen que la oración tenga ningún significado objetivo: no puede hacer que el sol se detenga, y no puede hacer que nadie sea librado de una enfermedad. Otros ignoran lo que la oración hace por la persona que ora, hablando solamente de ser capaz de hacer cualquier cosa de antaño mediante la oración. Por lo tanto, ¿qué postura deberíamos adoptar? O más importante aún, ¿qué enseña la Biblia?

Por fortuna, estas dos posturas no son mutuamente excluyentes. Una no cancela la otra, y usted no está forzado a tener que escoger una postura y rechazar la otra. Ambas son ciertas. La oración sin duda tiene un poder subjetivo sobre mí, pero también es cierto que la oración ofrecida en el nombre de Jesucristo puede cambiar el mundo. La Biblia enseña que la oración tiene una influencia y un poder asombrosos sobre el individuo. También enseña que la oración que se hace adecuadamente en la voluntad de Dios puede obtener respuestas cuando es la voluntad de Dios que así sea.

Escribiré más sobre estos dos efectos de la oración, pero primero, para que no se lleve una idea errónea, me gustaría decir algo que quizá le desilusione o incluso pueda ser desalentador. No quiero quitarle una muleta sobre la que tal vez usted se apoyó, pero un buen hombre le quitará la muleta de una patada cuando usted ya no la necesite. Quizá se ha vuelto esclavo de la muleta, y necesita que alguien lo libre de esa esclavitud.

La verdad a la que me refiero es que la oración en sí misma no es nada. Algunos afirman que la oración misma es algo: la oración hace esto y la oración hace aquello. Sin embargo, quiero que usted me entienda: la oración en sí misma no es nada en absoluto. La gloria de la oración reside en esto: involucra a Dios. Lo maravilloso de la oración es que pone al alma humana en contacto con el Dios eterno; pero, aunque la oración misma no es nada, Aquel al que oramos lo es todo.

Si no estamos en contacto con Dios, si no involucramos a Dios, si nuestra alma no está limpia, y si no estamos en su voluntad, entonces la oración no vale de nada. Usted podría orar hasta quedar con la cara enrojecida. Puede orar toda la noche.

De hecho, algunas personas sustituyen la obediencia a la voluntad de Dios por la oración.

Por ejemplo, digamos que un hombre ha ofendido a alguien, ha hecho algo malo, o ha dicho algo cruel, desagradable, o antipático. Sin embargo, en lugar de regresar y confesar, disculparse y arreglarlo, asiste a reuniones de oración. En lugar de decir "lo siento", asistirá a una vigilia de oración de toda la noche. Estará ahí, de rodillas, pero no obedece a Dios. La oración puede ser un sustituto de la obediencia, y ese tipo de oración no significa nada en absoluto.

De hecho, puede haber ocasiones en las que la oración sea ofensiva para el Dios Todopoderoso. Lea el primer capítulo de Isaías y compruebe si eso no es cierto. La oración es ofensiva para Dios cuando se ofrece en desobediencia. Es ofensiva para el Dios Todopoderoso cuando no hay intención de obedecer, cuando no estamos limpios y no tenemos la intención de estar limpios. En nuestra contaminación, tal vez acudimos a Dios, oramos el Padrenuestro y todas las demás oraciones que conocemos, leemos los salmos de David, hacemos nuestras propias oraciones y conversamos con Dios una hora. Aun así, si no estamos viviendo como deberíamos, la oración puede ser una trampa y un engaño. No significa nada para el alma.

Todas las oraciones que ascienden a Dios, todo el quejido y murmullo enviados a Dios, a menos que suban en pureza, fe, obediencia y justicia, no son sino gimoteos malgastados.

Regresando a nuestro tema, digamos que la persona que ora reúne estas condiciones. La sangre de Jesucristo lo ha limpiado y está en la voluntad de Dios, por lo que sabemos. Estudia la Palabra y está abierto a ver lo que Dios quiere que haga. La motivación de la persona es correcta, y está orando en la voluntad de Dios. Si este es el caso, ¿qué hará la oración por esa persona?

La oración es el mayor privilegio jamás concedido al hombre. El Anciano de Días, alto y elevado, se inclina y es condescendiente para escuchar las oraciones de unos gusanos como usted y como yo. Él escucha a pecadores por naturaleza, y muchas veces por elección, pequeños hombres y mujeres con aliento en la nariz y diminutos corazones que laten.

La oración nos permite hablar con el gran Dios Todopoderoso. El que creó el sol, lo tomó en su mano y lo colgó en la oscuridad; Aquel que hizo las estrellas, llenó los cielos con ellas, creó los ríos, hizo subir las montañas y creó al hombre; lo puso en él y le dio aire para respirar y agua para beber. Ese gran Dios que sostiene el mundo en la palma de su mano inclina su oído como una mamá se inclina sobre su hijo enfermo, intentando captar el más débil susurro de aquellos a los que ama. Ese, digo yo, es el mayor privilegio del mundo.

Por lo tanto, la oración debería ser lo más sagrado del mundo y debería elevarse con el mayor sentido de agradecimiento y gratitud. La oración no es solamente el honor más alto que se le puede conceder a cualquier ser, sino que es también la inversión más rentable del mundo.

Sin embargo, hay también algo que podemos ganar personalmente mediante la oración. He tenido la experiencia de tener todo el peso del mundo sobre mis espaldas. Cuando eso sucede, uno se pone de rodillas con su Biblia abierta, lee la Palabra, busca a Dios y recibe calma y orientación. Uno se ajusta a Dios en su alma, y poco después el mundo comienza a pesar menos. Por la gracia de Dios, hay algo que hace que la oración sea una inversión rentable solamente por su valor subjetivo, por lo que hará por usted en su interior, por afinar su instrumento, y solamente porque pondrá en armonía su alma.

La oración cambia cosas, de acuerdo, y lo más grande del mundo es cuando nos cambia por dentro. Sin embargo, aunque la oración es sin duda alguna el mayor honor y lo más rentable que podemos hacer, es también una de las cosas más difíciles del mundo para los cristianos. (No dudo de que gran parte de la actividad en los círculos religiosos de hoy sea un sustituto de la oración). La razón es porque tenemos que estar en paz con Dios para orar. Es difícil porque significa obediencia.

Pronunciar las palabras del Padrenuestro no significa nada. Cualquiera puede decirlas. Tan solo memorícelas, y ya está. Pero activar su corazón, ponerlo en paz con Dios y estar en una postura en la que el Padrenuestro signifique algo para usted, eso es difícil. Es tan difícil, que las personas prefieren hacer casi cualquier otra cosa. Prefieren organizar algo, escribir algo, decir algo, hacer algo, pintar algo, o cavar algo. El pueblo de Dios hará cualquier cosa para evitar orar.

Pero, aunque sea difícil, la oración ha dirigido la iglesia durante dos mil años como ninguna otra cosa. Nos gusta creer que otras cosas dirigen la iglesia. Imaginamos que lo hace el dinero. En base a lo que oímos de algunos predicadores, pensaríamos que el dinero fue indispensable. Si el dinero es lo único que tiene, entréguelo. La iglesia puede usarlo para la gloria de Dios en el mundo. No digo que lo retenga, pero sí digo lo siguiente: si lo único que tiene es dinero, no tiene casi nada. No es el dinero lo que dirige la iglesia.

Los cerebros tampoco dirigen la iglesia, ni tampoco lo hacen los dones y la personalidad. Muchos creen que estos son los días en los que la personalidad dirige la iglesia, pero tampoco es así. Queremos personalidad, pero la personalidad nunca dirigió nada salvo un espectáculo. La iglesia de Jesucristo no está basada en la personalidad. ¿Podemos ser carnales y a la vez afirmar que somos seguidores de Jesús? No había belleza en Él para que lo deseáramos, y su aspecto era tan común que Judas tuvo que besarlo para que todos supieran quién era.

Sin embargo, la iglesia seguirá marchando, dirigida por los vientos de la oración, por los poderosos vendavales de oración que proviene de los corazones de hombres y mujeres que están en contacto con el Señor Jesús.

La oración solapa el tiempo y el espacio. Usted puede orar en un avión, y puede orar en un submarino. Puede orar en la cama de un hospital, en un salón de clases, o en una cocina. Puede orar en cualquier lugar. La oración es el gran nivelador de los hombres. La persona más analfabeta del mundo puede orar, y la persona más culta del mundo no puede hacerlo mejor. No importa cuán inteligente o especial sea usted, eso no hará que sus oraciones sean más queridas para Dios.

La persona con menos cultura del mundo puede orar tan bien como el más versado, y no hay persona viva, ni el rey de Inglaterra ni el presidente de los Estados Unidos, que pueda realizar un acto más importante que hacer una oración eficaz.

Un vagabundo en Alabama saca su maltratada Biblia, la lee en voz alta y la marca con sus dedos; continúa leyéndola con mucho esfuerzo al tener solo uno o dos años de escuela. Después se arrodilla, alza sus ojos y mira a través de las grietas de su pobre chabola, y conversa con Dios. Cuando lo hace, está haciendo obras mejores que un presidente que no ora. Está haciendo actos mejores que un primer ministro que no ora.

La oración es el gran nivelador. En presencia de la oración no hay papas, obispos, pastores ni doctores. En la presencia de Dios no hay hombres pequeños. En la presencia de Dios no hay hombres grandes. En la presencia de Dios solamente hay hombres y mujeres redimidos.

La oración no es tan solo la mayor fuerza del universo, sino que esa fuerza está disponible para todos los hijos de Dios. La oración hace que los ancianos sean jóvenes, y que los jóvenes sean mucho más sabios de lo que sus años les permiten ser. Prefiero confiar en la sabiduría de un hombre de oración de veinticinco años que en la sabiduría de un hombre de setenta y cinco años que no ora, porque no creo que debamos escuchar a ningún hombre que no escuche primero a Dios. El joven que ora tendrá más sabiduría que el anciano que no ora, pero el anciano que ora tendrá esa jovial felicidad de una persona joven. Un anciano que ora es un joven por dentro, y el joven que ora madura en experiencia y conocimiento.

La oración le roba el poder a la adversidad, y hace que un pobre sea rico. La oración le preparará, a fin de que morir tan solo será pasar de la mano izquierda de Dios a la derecha. En oración, cruzará el río de un lado al otro.

La oración mantiene vivos a los santos muertos. El santo que ora no muere, sino que vive en sus oraciones. El poder de

Dios llega a este lugar y a aquel mucho después de que el hombre se haya ido.

Por último, la oración le da el cielo.

En el corazón de África, David Livingstone fue encontrado de rodillas en oración. Oh, qué tierra tan dramática y hermosa para una vida igualmente bella. Él dio su vida por África como médico. El pueblo africano, con gran sabiduría, tendió tiernamente el cuerpo anciano y cansado con toda la gentileza de una madre, después le sacaron su grande y callado corazón. Literalmente lo sacaron del pecho de Livingstone y lo cosieron.

Enterraron esta parte bajo un árbol babul, y después llevaron su cuerpo por las hostiles tribus hasta las costas de África, enviándolo en barco a Westminster Abbey, donde reside todo menos su corazón. ¿Acaso no hubo justicia poética en eso? ¿No hubo sabiduría hermosa en enterrar su corazón allí? El corazón de Livingstone todavía ora incluso cuando el espíritu de Livingstone está con su Salvador.

Oh Padre, oro fervientemente para que pueda posicionarme de tal modo que conecte contigo en oración. Recuérdame mi pecado, y permíteme que lo confiese y ponga en paz mi corazón. Permíteme acudir a tu presencia como una persona lavada por la sangre del Señor Jesucristo. Que mi oración sea lo más importante de mi vida hoy. Amén.

17

DIOS OBRANDO A TRAVÉS DE NOSOTROS

Porque Dios es el que en vosotros produce así el querer como el hacer, por su buena voluntad.
Filipenses 2:13

Si queremos experimentar una vida de oración fructífera, tenemos que entender cómo obra Dios en la oración y a través de ella. Cuando lo entendamos, nuestra vida de oración cambiará drásticamente. Muchas veces los cristianos oran de forma contraria a como Dios quiere, y por eso sus oraciones no reciben respuesta. Para disfrutar entonces de una vida de oración fructífera, debemos entender cómo obra Dios y cómo no obra.

Tal vez lo más básico con lo que debemos lidiar es el hecho de que Dios no responde a mi oración según mis expectativas. Él no me permite usar mi vida de oración para conseguir mis metas. Por desgracia, esa es demasiadas veces la expectativa que tienen muchos cristianos.

El enfoque de Dios no está en hacernos felices, sino en que hace todo para su gloria. Su obra es siempre creativa y constructiva según su carácter y naturaleza. Que Él puede usarnos para conseguir esas metas es la clave para entender las dinámicas asociadas con nuestra vida de oración.

Quizá lo más difícil como cristianos que somos es separarnos del elemento humano de la oración; sin embargo, Dios no está restringido por nuestras limitaciones. Cristo no murió en la cruz para salvarnos solamente para que podamos seguir con nuestros asuntos.

Parece que la actitud de muchos cristianos hoy, una vez que son salvos, es decir: "Ya puedo seguir yo a partir de aquí. Mi salvación me lleva al cielo", y ahí termina todo. Algunos no parecen saber que la salvación es la etapa inicial de Dios en usarnos para lograr sus propósitos. Si podemos manejarlo nosotros, entonces no necesitamos al Espíritu Santo. Si podemos manejarlo nosotros, entonces lo que estamos haciendo no tiene nada que ver con Dios.

Nuestra línea de oración es el canal mediante el cual Dios obra en este mundo. Las obras que Él hace mediante nuestra vida de oración son lo que más le glorifica. Esto ha sido desafiado desde el principio. Lucifer dijo: "sobre las alturas de las nubes subiré, y seré semejante al Altísimo" (Isaías 14:14) Todo era para glorificarse a sí mismo. Esto ha infectado a la humanidad hasta su más profunda destrucción.

Nos golpeamos en el pecho, y todo lo que hacemos está enfocado en nosotros y en quiénes somos. Este parece ser el tema de las oraciones de muchos cristianos hoy día. Nos esforzamos para conseguir nuestras metas.

Es una experiencia transformadora cuando nos damos cuenta de que Dios quiere obrar a través de nosotros para lograr sus obras y metas, particularmente a través de nuestras oraciones. Dios no hace nada aparte de su pueblo. Ciertamente, tenemos las tormentas, huracanes, fuego, y todo eso; sin embargo, cuando Dios quiere lograr su propósito y su meta, siempre lo hace a través de su pueblo.

En el Antiguo Testamento, Dios llevó a cabo sus propósitos para Israel mediante el hombre Moisés. Cuando Dios llamó a Moisés a eso, Moisés dijo: "¡Ay, Señor! nunca he sido hombre de fácil palabra, ni antes, ni desde que tú hablas a tu siervo; porque soy tardo en el habla y torpe de lengua" (Éxodo 4:10). Moisés no tenía lo que pensaba que necesitaba para hacer lo que Dios lo llamaba a hacer.

Moisés necesitó cuarenta años en el desierto para sacar Egipto de su ser. Tal vez no había nadie con más educación formal que Moisés en ese tiempo. Moisés no entendía que Dios no estaba interesado en su educación, sus habilidades o destrezas. Dios estaba interesado en Moisés como un siervo obediente mediante el que poder llevar a cabo sus propósitos.

Ese es el problema de los cristianos hoy día. Creen que Dios está interesado en su educación y sus habilidades y, cuanto más de eso tengan, más puede usarlos Dios. Sin embargo, Dios no puede lograr sus metas solamente a través de nuestras habilidades; solamente puede llevar a cabo sus propósitos a través de nosotros cuando nos entregamos por completo a Él. Es solo cuando yo como cristiano rindo todo a Dios, y no me aferro a nada malo, cuando Él puede lograr su obra a través de mí.

Pensemos en David, en el Antiguo Testamento. Cuando Dios lo llamó a ir contra Goliat, no fue porque David estaba bien armado y preparado militarmente para hacer frente a Goliat. David no tenía nada con lo que competir contra ese rudo filisteo: Goliat.

Dios envió a David contra Goliat para demostrar que Él usa a personas al margen del equipamiento que tengan. La victoria de David sobre Goliat no fue la victoria de David; fue la victoria de Dios, sin lugar a dudas. La fortaleza de Dios no está en nuestras armas.

Veamos las armas que tenía David comparado con las armas que tenía Goliat. La honda de David no tenía comparación con la armadura de Goliat, pero Dios usó la honda de David para derrotar la armadura más sofisticada de aquel entonces. David no pudo derrotar a Goliat por quien era David, sino por causa de Dios, quien usó a David para derrotar a Goliat.

El apóstol Pablo dice en 1 Corintios 12:4-6 que Dios obra en las personas y a través de las personas. Dios tiene trabajo que hacer, y lo hace en su pueblo y a través de él mediante los dones del Espíritu. Por lo tanto, es el mismo Señor, aunque hay diferentes administraciones; el mismo Dios, aunque hay distintas operaciones; los mismos dones, aunque hay diversidad de dones, porque es el mismo Espíritu.

No conozco ningún comité de iglesia que aprobaría a alguien como David para que fuera a luchar contra un hombre como Goliat. Habrían comparado lo que tenía David con lo que tenía Goliat, y no habrían permitido que ese jovencito se enfrentara al gigante filisteo.

Eso es lo que hace la religión. Compara a unos con otros. Intenta desarrollar las armas necesarias para derrotar al enemigo. Esta es precisamente la razón por la que nuestra generación no está derrotando al enemigo. Intentamos derrotar al enemigo en su terreno para poder así llevarnos nosotros el mérito.

Otro error que muchos cristianos cometen es creer que Dios quiere usar su pasado para conseguir una victoria presente. Dios no nos da una reserva de sabiduría y poder. Si lo hiciera, enseguida se estancaría. Dios no se acerca a un hombre, lo llena de sabiduría y después dice: "Si te metes en problemas, ven a verme o llámame y ora, pero mientras tanto tienes toda la cisterna llena de poder. Saca de esa sabiduría porque es tuya". Dios nunca lo hizo así. En cambio, Dios le da a un hombre una palabra de sabiduría y le da poder, pero Dios es el poder en ese hombre. Él es la palabra de sabiduría en ese hombre. Es Dios quien obra en el hombre, no es el hombre quien obra. Dios se convierte en sabiduría en nosotros y se convierte en poder para nosotros.

Por eso los cristianos se equivocan tan estrepitosamente. Un jugador de béisbol juega doce años en la liga, y decimos: "Tiene habilidad, ha aprendido, sabe". Lo mismo ocurre con todo lo demás. Las personas aprendemos por la experiencia; aprendemos cómo hacer las cosas haciéndolas; sin embargo, en el reino de Dios es completamente diferente. Un hombre puede tener setenta y cinco años de edad, haber servido a Dios la mayor parte de su vida, y a la vez equivocarse lastimosamente y seguir siendo ignorante y sin preparación. Si Dios no está obrando a través del hombre y en el hombre, el hombre mismo volverá a donde estaba cuando comenzó. Es Dios quien obra en nosotros.

Cuando se trata de la oración, la mayoría de las veces malentendemos el propósito completo de la misma. Tenemos la idea de que la oración es convencer a Dios para que nos dé lo que necesitamos en un momento dado. Creemos que es simplemente un modo de acceder a lo que necesitamos y queremos hacer en nuestra vida. Nunca se les ha ocurrido a muchos cristianos que la oración no es según nuestros términos; la oración es el arma de Dios para alcanzar el mundo que nos rodea. Dios nos usa tanto a nosotros como nuestra vida de oración para tocar el mundo para su reino.

Como esto es cierto, Dios no descansa sobre nuestras habilidades, conocimiento, sabiduría, o fortaleza. Nada de eso afecta el modo en que Dios quiere obrar a través de nosotros.

Gedeón, por ejemplo, cuando Dios lo llamó para usarlo, no creía que estaba calificado. Al mirarse a sí mismo no veía las credenciales que pensaba que necesitaba para hacer la obra que Dios lo llamaba a hacer. Pero, como ocurrió con Gedeón y otros como él, Dios nunca llama a los calificados; Él califica a los llamados.

Nuestras calificaciones no son importantes para Dios. Lo que importa es entregarnos por completo a Él para su agrado y su obra.

Pasó bastante tiempo hasta que Gedeón llegó al punto en el que pudo confiar en Dios al margen de lo poco calificado que se sentía, y así es exactamente como obra Dios. Él se deleita en usar a los que no tienen calificaciones ni armas para el proyecto que tienen delante, porque cuando Dios puede encontrar a alguien sin calificaciones, esa es la persona que usa para darle gloria.

Si despojáramos a las iglesias de todo lo que hace el hombre y dejáramos solamente lo que Dios ha hecho y está haciendo, me temo que podaríamos la iglesia promedio al mínimo. Probablemente no quedarían personas suficientes para realizar un servicio decente. Parece que la mayoría de las iglesias hoy día actúan según su propio empuje, lo que han aprendido yendo a la escuela y a seminarios, y leyendo libros que ofrecen diez lecciones fáciles para que su iglesia crezca.

La iglesia de Dios va a bendecir, y los cristianos a quienes Dios va a bendecir serán los que han dejado de confiar en los recursos que habían acumulado. Entonces experimentarán la gracia de Dios en su vida y ministerio. Dios solo puede comenzar a trabajar cuando dejamos de confiar en nuestros recursos y no tenemos nada en la retaguardia.

Las personas no pueden edificar la iglesia. Es necesario el Espíritu Santo obrando en un hombre que ha rendido todo y ha permitido que Dios haga la obra mediante el ministerio de la oración. Dios no está edificando su iglesia simplemente para tener una organización religiosa.

Si mis oraciones son potentes, debo orar de tal modo que Dios obre a través de esa oración. Mi oración no puede estar basada en mi sabiduría o entendimiento, sino en la sabiduría de Dios. En ocasiones, mis oraciones sonarán ridículas porque no tienen una perspectiva humana. Permitamos que Dios nos use para su gloria mediante nuestra oración.

Oh Señor, cuán poderoso y maravilloso eres. No puedo comprender todo lo que eres en todo lo que harías a través de mí. Sin embargo, rindo mi vida de oración para que la uses como te parezca apropiado. Amén.

18

LA SABIDURÍA DE DIOS OBRANDO A TRAVÉS DE NOSOTROS

Porque Dios es el que en vosotros produce así el querer como el hacer, por su buena voluntad.
Filipenses 2:13

Nuestra oración es un canal mediante el cual Dios lleva a cabo su obra a su manera. Él no lleva a cabo *nuestra* obra, como muchas personas pudieran pensar. Y Él no hace las cosas según la sabiduría de los hombres.

Todo lo que Dios hace, lo hace en su propia sabiduría y conocimiento del futuro. Nada lo hace por casualidad o sin saber cómo resultará. Anote esto: todo lo que Dios hace, lo hace en su "sabiduría que presagia". Dios conoce nuestros mañanas y los días de después, a lo largo de todos los años. Todo ha sido planeado antes de que existiera el tiempo.

Mucho antes de que el universo existiera, Dios había planeado lo que está haciendo ahora. Dios no se confunde. Él tiene un plan bien diseñado que nada puede obstacularizar, y su sabiduría está por encima de cada paso del camino del hombre. Nunca ha habido un tiempo en el que Dios estuviera confundido y tuviera que consultar a alguien. Todo lo que hace es un cumplimiento de su sabiduría desde el inicio de todo.

Por todo el mundo, personas tocan cosas de oído, probando las cosas y viendo cómo resultan. La sabiduría de la humanidad es limitada, pero la de Dios no. Mucho antes de que hubiera materia, movimiento o ley, Dios lo había previsto todo. La Biblia nos enseña que nada sucede que Dios no haya previsto.

No, el mundo no es un camión colina abajo con el conductor que acaba de sufrir un ataque al corazón. El mundo avanza hacia un fin predeterminado, y el Dios Todopoderoso se mantiene en las sombras. Lo está observando y guiando: la nación de Israel y el resto de naciones del mundo, y la gran iglesia mundial que llamamos cristiandad, y la verdadera iglesia que Él esconde en su propio corazón. Dios conoce dónde están en todo tiempo por su sabiduría infinita y perfecta. Él dirige todo según sus planes, los cuales trazó antes de que Adán pusiera sus pies sobre la tierra. Antes de Abraham, o David, o Isaías, o Pablo, y antes de que naciera Jesús en el pesebre de Belén, Dios ya lo tenía todo planeado.

No quiero que piense que Dios está sentado con una pluma en la mano y desarrollándolo como usted y yo lo haríamos. Dios piensa, y está hecho. Desea, y sucede. Dios no tiene que trabajar con pluma y compás como lo hacen los arquitectos y constructores. Él no es como los hombres cuando comienza un proyecto. Un constructor, por ejemplo, comienza un proyecto investigando, y después piensa que lo tiene todo alineado. Sin embargo, a medida que trabaja en el proyecto descubre algo nuevo, y tiene que buscar una nueva dirección.

No sucede lo mismo con Dios. Las cosas siempre van conforme a sus planes porque Él piensa y las hace existir con su voz. "En el principio era el Verbo, y el Verbo era con Dios, y el Verbo era Dios... Todas las cosas por él fueron hechas, y sin él nada de lo que ha sido hecho, fue hecho" (Juan 1:1, 3). Él es el Verbo, y hace que las cosas existan.

Como cristiano, cuando sucede algo malo, eso puede conducirlo a preguntarse por qué Dios permitió que sucediera. ¿Cómo pudo permitirlo? Debe haber ocurrido un gran error en algún lugar, pero eso es una falta de confianza y de obediencia. En ocasiones, Dios permite que pasen cosas malas para moldearnos, o porque nos hemos rebelado contra Él, haciendo que nos metamos en todo tipo de problemas. Podemos traer sobre nosotros mismos sucesos que no están temporalmente en su voluntad; sin embargo, incluso en esos momentos, si la raíz del asunto está en nosotros, Dios lo absorbe y lo convierte en una victoria.

Si quiero tener potencia en mi vida de oración, tengo que entender que todo tiene que estar en completa armonía con la sabiduría de Dios. No oro según mi propia sabiduría y entendimiento, o de lo contrario, la mayoría de mis oraciones serían ineficaces.

Creo que esta falta de buscar la sabiduría de Dios es una razón por la que hay tanta oración y tan pocas respuestas a esas oraciones. Miramos situaciones desde nuestro punto de vista y nuestra sabiduría, y después basamos nuestras oraciones en nuestras propias conclusiones. Tal vez estamos orando en la dirección errónea.

Debemos orar teniendo en mente el resultado que Dios espera. Este resultado no es algo que podemos suponer, ni podemos convocar una conferencia y votar al respecto. La única manera en que puedo entender la intención global de la voluntad de Dios es pasando tiempo en su Palabra.

Entender la voluntad global de Dios es el factor más importante para darle energía a mi ministerio de oración. Una vez que conozco la voluntad de Dios, puedo comenzar a orar en esa dirección. Cuando oro en esa dirección, tengo el poder de Dios fluyendo a través de mí, llevando a cabo lo que Él quiere conseguir.

A veces me entristece oír peticiones de oración que están lejos de la voluntad de Dios. No podemos esperar que Dios detenga lo que está haciendo y acuda a nuestras peticiones. Pasar tiempo en la Palabra es la clave para prevenir eso.

Sin embargo, solamente la lectura de la Biblia no resuelve el asunto a menos que la estemos leyendo con el espíritu correcto. A menudo acudimos a la Biblia para conseguir algo que queremos, como un versículo que nos ayude a tener positividad en nuestro día, por ejemplo: "todo lo puedo en Cristo que me fortalece" (Filipenses 4:13). Pero tal vez no sabemos lo que significa realmente el versículo. Comenzamos a sacarlo de su contexto para que diga lo que queremos que diga a fin de satisfacer nuestras ambiciones. Ciertamente, Dios no está interesado en esa actitud o en ese tipo de oración.

Se tarda mucho tiempo en saber cómo orar por ciertas cosas. Tengo que mirar de cerca una situación o a una persona para discernir la voluntad de Dios. Tal vez, Dios no quiera cambiar nuestras circunstancias sino que quiere darnos gracia para que salgamos victoriosos de una prueba. El rey Salomón puso esto en la perspectiva adecuada cuando escribió: "¿Qué es lo que fue? Lo mismo que será. ¿Qué es lo que ha sido hecho? Lo mismo que se hará; y nada hay nuevo debajo del sol" (Eclesiastés 1:9).

Mediante la oración, Dios está haciendo lo que planeó hacer desde el principio. No hay un cambio en el viento. No ha ocurrido nada que haya alterado y cancelado la voluntad de Dios. Desde el principio de todas las cosas, Él tenía sabiduría y conocimiento completos guiándolo.

Ni siquiera la caída del hombre en el jardín del Edén cambió de modo alguno el plan de Dios para el mundo. Y nada de lo que ha ocurrido durante los años ha hecho que Él se replantee sus planes.

Nada en este mundo, ni siquiera el diablo mismo, puede cambiar el plan de Dios. Su plan fue establecido en la eternidad, y nada en la tierra o en el tiempo puede alterarlo.

Estoy muy agradecido de que ni Dios ni sus planes cambien nunca. Cuando comienzo a entender eso, tengo confianza en seguir a Dios porque sé que Él sabe lo que hace.

Padre celestial, es un gozo entender que tu sabiduría es absolutamente perfecta en todos los sentidos. Muchas gracias, y gracias por revelarme tu plan paso a paso. Confío en ti para que me des la fe para creer aunque no entienda cuál es tu plan. Amén.

19

QUE DIOS OBRE A TRAVÉS DE NOSOTROS NO ES UN ACCIDENTE

Jesucristo es el mismo ayer, y hoy, y por los siglos.
Hebreos 13:8

En ocasiones, las cosas que Dios hace en el mundo parecen un accidente o un error, pero eso se debe a nuestra ceguera e ignorancia. No sabemos por qué Dios hace lo que hace, así que comenzamos a inquietarnos y a preguntarnos si Dios realmente está prestando atención. Dios ve el mañana, pero nosotros solamente vemos el presente. Dios ve todos los lados, pero nosotros solo vemos un lado. Dios sabe lo que nosotros no sabemos, y Dios tiene todas las piezas del rompecabezas. Usted y yo solo tenemos unas cuantas piezas.

Nos gusta ver que nuestra vida se desarrolla y se convierte en un bello cuadro con todas las cosas en su lugar, pero a menudo las piezas están dispersas por todas partes. Parece que no encajan unas con otras. A veces, cuando armamos un rompecabezas, algunas piezas parecen encajar la una con la otra pero no es cierto, e intentamos forzar que encajen y rompemos un borde. Eso nos deja peor de lo que estábamos antes. De modo similar, a veces tomamos la obra de Dios e intentamos hacer que sea algo que realmente no es.

Yo pasé una buena parte de mi vida haciendo justamente eso. Olvidé que es Dios quien nos da sabiduría. Es Dios quien actúa en nosotros, si se lo permitimos. Por eso creo en los dones del Espíritu.

Siempre he creído que todos los dones del Espíritu deben estar en la iglesia hoy día tal como estuvieron en Pentecostés. Algunas personas le dirán que los dones del Espíritu terminaron hace años, pero están equivocadas. Esas personas citan 1 Corintios 13:13: "Y ahora permanecen la fe, la esperanza y el amor, estos tres; pero el mayor de ellos es el amor", diciendo que todas estas cosas terminarán, el conocimiento se desvanecerá y todo lo demás cesará. Argumentan que *el que todas estas cosas cesaran* se refiere a ciertos dones. ¿No saben que cesaron mediante el cumplimiento? No dejaron de ser, así que no podemos deshacernos de la fe, la esperanza y el amor, y no nos atrevemos a decir que los dones del Espíritu dejaron de ser.

Dios está actuando a través de su pueblo, y lo que Dios hace perdurará. Lo que Dios no hace no perdurará. No me importa cuán grande e importante sea un hombre, no puede hacer una obra inmortal porque es un hombre mortal; no puede pensar pensamientos inmortales porque tiene una mente mortal. Pero, si el Espíritu Santo actúa en él y a través de él, distribuyendo dones a cada hombre como Él quiere, entonces Dios hará su obra. Seremos capaces de hacer las cosas de Dios y tener los pensamientos de Dios.

No hay accidentes en la vida cristiana. Si un hombre sigue al Señor, Dios vive su vida por él. Para Dios, todas las cosas ya han sucedido. Si usted supiera que iba a morir mañana, tal vez se sentiría un tanto desanimado por un rato, pero después se alegraría porque su futuro está fijado en Cristo.

Las emociones de Dios nunca fluctúan, porque con Dios todo ha ocurrido ya. Él no va por ahí viendo relojes y mirando indicadores, revisando si todo está bien y probando a ver si estamos siguiendo el paso. Dios no tiene que hacer eso porque su propósito nunca cambia. Él avanza hacia un fin predeterminado, el cual se propuso en Cristo Jesús antes de que comenzara el mundo. Lo he dicho antes y lo volveré a decir: no hay accidentes en el plan de Dios.

Cuando los ángeles cantaron en el pesebre de Belén, no estaban anunciando nada nuevo. La noticia de la llegada de Cristo ya se conocía en el corazón de Dios antes de que existiera el Edén o Adán y Eva.

Cuando Dios le dijo a Jonás que fuera a Nínive a predicar, Jonás compró un billete de ida en un barco que iba en otra dirección. Pero Dios nunca cambia de idea, y nunca lo hará. Jonás, como sabrá usted, terminó predicando en Nínive. Israel pecó contra Dios, entonces Dios los castigó y disciplinó, y ellos terminaron justo donde Dios dijo que terminarían.

Hay diferencias de opinión en cuanto a la profecía, pero le diré lo que yo creo en base al Libro Santo que tengo en mis manos. Creo que la simiente de Abraham aún caminará sobre los montes de Israel. Creo que Dios aún hará que su pueblo regrese allí. Él no ha cambiado de idea, y nunca lo hará.

Cuando Jesús fue enviado a esa cruz para salvar al mundo, si se hubiera desanimado al ver cómo lo recibieron, no habría sido Dios. Jesús sabía a lo que se enfrentaba cuando caminaba calladamente a la cruz y a la muerte.

La historia enseña que Dios obra providencialmente a través de los hombres. La historia marca las huellas de Dios, y las huellas de Dios son historia. La manera en que Dios obró a través de Abel, Noé, Abraham, Lot, y todos los demás a lo largo de los años, es el modo en que Dios obra; Él no ha cambiado de parecer.

Dios nunca quita las manos de su trabajo, y cuando dice: "Haz esto", quiere decir que nos dispongamos a hacerlo ahora. "Yo obraré a través de ti, y no me desanimaré. Puede que tú te desanimes, pero yo no". Él lleva todas las cosas hacia un fin predeterminado.

Si el diablo fuera tan inteligente como cree que es, no permitiría que entendiéramos sus planes. Como dice el viejo dicho: cuanto más suba el mono, más se le ve el rabo. Cuando el diablo se levanta contra usted, podrá ver su rabo y se percatará de su presencia. Y eso es lo que sucede cuando el diablo golpea al pueblo de Dios: ellos se afirman y los planes del diablo quedan expuestos. Cuando se ataca al pueblo de Dios, sale lo bueno que hay en ellos.

Cuando todo me va bien, soy la persona más relajada y fácil de llevar que usted haya visto en su vida, pero cuando las cosas no me van bien, doy unos pasos hacia atrás y después paso a la ofensiva. En otras palabras, la intención que tiene el diablo de hacerme retroceder tiene precisamente el efecto contrario.

Creo que ocurre lo mismo con los cristianos en todo el mundo. Dios no quita sus manos de su obra; Él está avanzando hacia un plan predeterminado y, si trabajamos con Él en ese plan, los esfuerzos de Satanás por detenernos solo harán que apretemos más los dientes y digamos, en el nombre de Dios y con las fuerzas de Jehová: "Estamos avanzando". La obra de Dios prevalecerá a medida que se dirige hacia un final predeterminado mediante la misma sabiduría, poder, y amor con el que Él creó todo en un principio.

Usted no es un accidente; no crea que lo es. Dios creó todas las cosas con un propósito predeterminado y mediante su sabiduría que lo sabe todo de antemano. Dios hace lo que hace mediante sabiduría, poder y amor, y no hay menos sabiduría, no hay menos poder ni menos amor de los que hubo siempre.

Para nosotros, esto es algo difícil de entender porque no podemos verlo. Debemos creer, y creer es una forma de ver, pero por supuesto que no es lo mismo que ver algo físicamente. Escuché a un hombre predicar un sermón hace años atrás, y él decía que el cristiano tiene tres hombres en su interior: el viejo hombre, el nuevo hombre, y el humano. El viejo hombre es lo que era hasta que se convirtió; después se convierte en el nuevo hombre en Cristo. Sin embargo, durante todo el tiempo está el humano. El humano son sus genes y su personalidad, y lo que hace que usted sea usted. Nunca perdemos esa parte nuestra, y puede meternos en problemas. Mucho después de que usted haya conseguido la victoria sobre el viejo hombre, el humano puede seguir metiéndolo en problemas. Esa es la parte que se pone carnalmente feliz con las cosas y también carnalmente pesimista.

El viejo hombre tiene que morir para vivir en el poder del nuevo hombre, y el nuevo hombre mantiene al humano de algún modo bajo control.

Es al humano en nosotros al que le cuesta creer a veces. El humano necesita ver las cosas físicamente, y por eso tenemos que ir más allá de lo humano para ver por fe.

Cuando mi oración está en orden y alineada con la voluntad y el propósito de Dios, mi siguiente tarea es ser persistente. Lo que nos ocurre no es ningún accidente desde el punto de vista de Dios. Y, si algo parece no estar bien, tengo que reevaluar mi oración para asegurarme de que no haya nada en mi vida que esté impidiendo que Dios use mis oraciones.

A lo largo del camino debemos tener en mente que, a veces, un accidente desde nuestro punto de vista es simplemente Dios haciendo su voluntad más allá de nuestro entendimiento.

Te amo, oh Dios, por la fidelidad de tu voluntad. Mientras me esfuerzo por entender eso, cometeré errores. Estoy contento de que no dependas de mi perfección sino de tu perfección, y de que me alinees con eso. Gloria a tu precioso nombre. Amén.

20

¿HAY PARA DIOS ALGUNA COSA DIFÍCIL?

¿Hay para Dios alguna cosa difícil? Al tiempo señalado volveré a ti, y según el tiempo de la vida, Sara tendrá un hijo.
Génesis 18:14

Cuando oramos, a veces Dios parece muy distante. A menudo nos da la sensación de que estamos en un lugar remoto en la vida cristiana.

En el versículo de arriba, Dios hizo esta pregunta como una represión y a la vez como una promesa, y sus obras demostraron que sus palabras eran verdad. Debemos ser sinceros y admitir que gran parte de la conversación religiosa es fantasiosa y despegada de la realidad; sin embargo, el poder del mensaje cristiano emerge en obras prácticas, y eso conduce a la fe y la obediencia.

He examinado esto con detenimiento, así que no estoy pronunciando meramente puntos de vista u opiniones. La palabra *difícil* en el original hebreo era distinta a nuestra palabra *difícil*, como cuando decimos, por ejemplo, que es difícil levantar algo. La palabra hebrea se puede traducir como "duro" o "difícil", y aunque son similares, no quieren decir exactamente lo mismo. Duro significa pesado y severo, como cuando las Escrituras dicen: "y amargaron su vida con dura servidumbre". La dura servidumbre era la servidumbre de la esclavitud; *trabajo duro* son las palabras que usaríamos hoy. No quería decir que los hebreos necesariamente hicieran una obra precisa, sino que tenían que hacer un trabajo que requería un esfuerzo físico que cansa los huesos y los músculos. La otra definición de la palabra *difícil* sería grande, dificultoso y maravilloso, y esa es la palabra usada en el versículo al comienzo de este capítulo. ¿Hay para Dios alguna cosa grande? ¿Hay para Dios alguna cosa difícil? ¿Hay para Dios alguna cosa demasiado maravillosa que no pueda hacer?

Por supuesto que no hay nada difícil para Dios en ninguna de las dos definiciones. Dios, como tiene toda la energía del universo, puede hacer de modo natural lo más difícil que exista en el mundo; y Dios, como tiene toda la sabiduría que hay, tiene de modo natural todas las destrezas que necesita para hacer cualquier cosa.

Algunas cosas son difíciles para las personas porque se necesita energía física o mental que no tenemos. Otras cosas requieren un conocimiento que no podemos almacenar. Pero es imposible concebir algo que exija un conocimiento que Dios no tenga cuando Él sabe todo lo que se puede saber al instante y sin esfuerzo.

Aun así, otras cosas requieren una sabiduría que no alcanzamos, porque como usted sabrá, hay una diferencia entre conocimiento y sabiduría. El hombre puede ser muy sabio sin tener mucho conocimiento, o puede tener mucho conocimiento y no ser muy sabio. La sabiduría es la capacidad de hacer buenos juicios, y Dios posee una sabiduría infinita.

Pero más allá de nuestra falta de energía, fortaleza, conocimiento o sabiduría, algo puede resultarnos muy difícil por los enemigos que se interponen en el camino. Imagínese un campo de fútbol, por ejemplo. No es difícil llevar el balón de una zona del campo a la otra si no hay oponentes. Un jugador quiere llevar la pelota hasta la línea de gol, pero hay otros dos, o tres, o diez jugadores que le bloquean el paso. El diablo es un gran jugador que nos bloquea constantemente, solo que no es un partido con él. Él va muy en serio; le obstaculiza el paso y se lanza contra usted, y a menudo le derriba para que no pueda terminar su tarea. Pero ¿es concebible que el gran Dios Todopoderoso, quien creó las estrellas, las llama por su nombre y conoce el número de ellas, pueda ser detenido?

Dios hace lo que quiere con los ejércitos celestiales y los ejércitos terrenales, y no hay nadie que se pueda interponer en su camino. Él tiene su modo de proceder en el mundo. Él es el Dios soberano, y todos los demonios del infierno pueden lanzarse y colocarse en la posición que escojan, como los jugadores en el campo de fútbol, y el Dios Todopoderoso puede llegar triunfante hasta la línea de gol sin impedimento, porque Él es Dios. Jesucristo caminó directamente a la cruz sin obstáculo alguno, resucitó de la muerte sin impedimento, y ascendió a la diestra de Dios sin impedimento, aunque muchos intentaban bloquearlo en cada paso de su camino.

¿Por qué vemos tan poquito de la habilidad de Dios para hacer cosas difíciles o duras? Porque estamos acostumbrados a vivir en nuestra lepra. Tenemos mentes cerradas; aunque somos ortodoxos, somos incrédulos.

Hay dos tipos de incredulidad. Existe la incredulidad arrogante y osada del pecador, que dice: "No creo en tu Biblia. No creo en tu Dios. Si existe un Dios, ¿por qué existen los desastres, la guerra, y todas las demás cosas? Yo no quiero nada de tu religión. No la creo". Ese es el hombre que Jesús describió en el libro de Apocalipsis como alguien que tiene un corazón frío. No cree en absoluto en el cristianismo y lo dice abiertamente.

Pero después está la incredulidad del hombre religioso. Él no dice: "No creo en la Biblia". Él cree en la Biblia. La compra, la regala a otros, y la lee diligentemente. No dice: "No creo en tu Dios". Cree en Dios, pero no puede creer en Él en cuanto a nada nuevo.

No puede creer que esta es la hora, que este es el día. Dios, para él, es siempre histórico, y la Biblia es un libro histórico. No puede llegar a creer en el Dios del presente, el Dios vivo, el Dios del hoy y del mañana. Está perfectamente dispuesto a creer en el Dios del ayer. Creer en el Dios del ayer nos hace ortodoxos. Creer en el Dios del presente libera el poder de Dios en medio nuestro.

A menudo le llevamos a Dios una mente cerrada. Hemos desarrollado un caso crónico de no expectativa. Tenemos una psicología de derrota continuada.

No esperamos nada nuevo de Dios, y por eso comenzamos a aceptar nuestra derrota y a nuestros captores. Comenzamos a aprender a vivir en Babilonia, incluyendo nuestras iglesias, aprendiendo lentamente el lenguaje de los babilonios. Seguimos usando el hebreo antiguo en casa, pero en el mercado usamos el lenguaje de Babilonia. Como no tenemos liberado el poder del Dios Todopoderoso, tenemos que abrirnos camino por el mundo pensando por nosotros mismos. Actuamos como si Cristo aún estuviera muerto en lugar de resucitado de los muertos.

¿Sabe usted lo que creo? Creo que debiéramos magnificar al Cristo resucitado más de lo que lo hacemos.

¿Por qué los hijos del Rey van por ahí apenados todo el día? Porque piensan que el Hijo del Rey sigue estando en la tumba. Él no está en la tumba, porque hace mucho tiempo que resucitó de los muertos, y se le ha entregado todo el poder en el cielo y en la tierra, y ese poder está esperando que usted y yo nos atrevamos a dejar a un lado nuestra psicología de no expectativa. Deje a un lado la actitud de conformarse con la derrota. ¿Cuál es el resultado de que Cristo siga estando muerto? ¿Cuál es el resultado de esta psicología de la derrota? Es que el diablo está satisfecho, y el Espíritu está entristecido.

¿Observó usted que, cuando Jesús acusó a Israel de incredulidad, la ira de ellos ardió contra Él, y llevaron a Jesús para arrojarlo por un barranco y matarlo? Dijeron: "¡Somos ortodoxos! ¿Qué quieres decir?". Creer significaba para ellos aceptar un credo y no esperar algo del Dios del credo. Pudieron ir hasta la mitad del camino, pero no pudieron seguir hasta el final, y fue esta acusación de incredulidad lo que les hizo gruñir y crujir los dientes ante Jesús.

Y esa era la enemistad que creció en intensidad hasta que lo mataron en una cruz. Pero Dios, para el que nada es difícil, lo resucitó fácilmente de la muerte al tercer día.

El Espíritu se entristece por nuestra incredulidad. Nos miramos unos a otros buscando ayuda en lugar de acudir a Dios, y el fuego de nuestros altares no es muy intenso. Nos vemos forzados a mirar a la carne y a poner nuestra confianza en el lugar erróneo. Israel siempre corría a Egipto por ayuda, enviando mensajes a un rey pagano, pidiéndolo que fuera a ayudar. Siempre fueron derrotados cuando ocurrió eso.

A menudo nos enfocamos en las estrategias de la iglesia y en los métodos en lugar de enfocarnos en el poder de Dios, actuando como si Jesucristo estuviera muerto. Si Cristo no ha resucitado, ¿por qué molestarnos con todo este asunto de la iglesia? Si Cristo no ha resucitado, ¿por qué intentar que continúe? Si Cristo no ha resucitado, somos los más miserables de todos los hombres. Comamos, bebamos, casémonos y pasémoslo lo mejor posible porque pronto moriremos.

Sin embargo, Cristo ha resucitado de la muerte y se ha convertido en las primicias de los que durmieron. Él ha resucitado y, por lo tanto, no necesitamos esas otras cosas. Nuestra confianza está puesta en el lugar equivocado.

La metodología sin el Espíritu Santo es vacía. Donde hay fe, está Dios. Tenemos que tomarnos esto en serio y arrepentirnos, hermanos. Debiéramos pedir una moratoria en las peticiones de oración y en lugar de ello arrepentirnos, porque el Espíritu está esperando sobre nuestro caos, listo para decir: "Sea la luz", cuando creamos. Arrepintámonos de nuestro pensamiento, el cual acepta las cosas tal y como son, olvidándose que Dios dice que no hablemos de las cosas pasadas, porque "He aquí que yo hago cosa nueva… porque daré aguas en el desierto, ríos en la soledad, para que beba mi pueblo, mi escogido" (Isaías 43:19-20).

Ese es nuestro Dios. Ese es el Dios al que adoramos. Ese es el Cristo al que adoramos. Arrepintámonos. Vayamos a Dios a pedirle que nos perdone. Israel se enojó cuando Jesús les habló así. ¿Va usted a hacer lo mismo, o se humillará y le pedirá a Dios que le dé una mente renovada?

Tenemos esta psicología de no expectativa y derrotismo crónico a pesar de que Cristo está a la diestra de Dios, mirando con anticipación y listo para ayudarnos, y el poder del Espíritu Santo en medio nuestro. ¿Por qué no podemos creer? Arrepintámonos, y pidámosle a Dios que disipe la niebla que nos rodea, que limpie el polvo de nuestra alma, y que nos ayude a atrevernos a creer nuevamente. Así, cuando creamos y la gracia de Dios fluya, podremos volver a pensar en estrategias y métodos. Eso es normal y está bien. Pablo tenía sus métodos, pero no intentaba sustituir al Espíritu Santo por los métodos. No lo hagamos tampoco nosotros, sino más bien miremos a Jesucristo, resucitado y glorificado, y esperemos que Él haga lo imposible.

Oh Dios, Padre nuestro, tú sabes que somos seguidores de tu Hijo. No estamos retrocediendo, y no estamos permitiendo que el diablo nos diga quiénes somos. Tu Hijo nos conoce porque lo conocemos. Y te bendecimos.

Pero tú sabes, Padre, cuán fácil nos resulta entrar en una rutina mental, dejar que el ayer dicte nuestro mañana. Sin embargo, tú dijiste que eres un Dios que haces nuevas todas las cosas, así que oramos para que toques nuestros corazones y nos des una fe que se levante y nos atrevamos a empezar a creer que tú harás lo inesperado e incluso lo imposible. Tú eres el Dios de lo imposible. Oh Dios, irrumpe incluso ahora durante los siguientes días sobre nosotros, con tal plenitud que Satanás sepa que no es él quien manda. Extiende tus brazos poderosos, oh Dios, y danos fe. Confiamos en ti pidiendo que no te entristezcamos con nuestra incredulidad.

Y ahora, que la gracia, la misericordia, y la paz del Dios Trino, Padre, Hijo y Espíritu Santo, estén con nosotros para siempre. Amén.

21

UN HOMBRE DE ORACIÓN

Durante una sesión de negocios en una reunión del consejo general de la Alianza Cristiana Misionera, los delegados estaban sobrecargados de mociones y enmiendas, y enmiendas a las enmiendas. Tozer cada vez se impacientaba más con el tedio de todo ello. Finalmente, su espíritu inquieto no pudo más. Se volteó a Raymond McAfee, que estaba sentado a su lado.

"Vamos, McAfee", susurró, "subamos a mi cuarto y oremos antes de que pierda toda mi religión".

Cualquier reconocimiento que se ganó como predicador elocuente y destacado escritor se le puede atribuir con certeza a su cercana relación con Dios. Tozer prefería la presencia de Dios a cualquier otra cosa. El fundamento de su vida cristiana era la oración. No solo predicaba sobre la oración, sino que también la practicaba. Siempre llevaba consigo un pequeño cuaderno en el que anotaba peticiones por sí mismo y por otros, por lo general de naturaleza espiritual.

Las oraciones de Tozer llevaban las mismas marcas de su predicación: sinceridad, franqueza, humor, intensidad. Su oración afectaba profundamente su predicación, porque su predicación solo era una declaración de lo que descubría en oración. Su oración también afectaba su vida. A menudo decía: "Como el hombre ora, así es él". Todo lo que hacía fluía de su vida de oración.

La mayor parte de su tiempo cada día lo pasaba luchando con Dios en oración. Tozer literalmente practicaba la presencia de Dios. A menudo, se retiraba de la familia y los amigos para pasar tiempo a solas con Dios. No era inusual para él perder la noción del tiempo en esas reuniones con Dios.

McAfee regularmente se reunía en el estudio de Tozer todos los martes, jueves y sábados en la mañana para tener media hora de oración. A menudo, cuando McAfee entraba, Tozer leía algo en voz alta que había estado leyendo recientemente, ya fuera algo de la Biblia, un himno, un devocional, o un libro de poesía. Después se arrodillaba junto a su silla y comenzaba a orar. A veces oraba con su rostro levantado, y otras veces oraba totalmente postrado en el piso, con un trozo de papel bajo su rostro para no respirar el polvo de la alfombra.

LA PRESENCIA DE DIOS

McAfee recuerda un día especialmente memorable. "Tozer se arrodilló junto a su silla, se quitó las lentes y las puso sobre la silla. Descansando sobre sus tobillos doblados, juntó sus manos, elevó su rostro con los ojos cerrados, y comenzó: 'Oh Dios, estamos delante de ti….'. Al decir eso, llegó una ráfaga de la presencia de Dios que llenó el cuarto. Ambos adoramos en un éxtasis silencioso, con asombro y adoración. Nunca se me ha olvidado ese momento, y no quiero olvidarlo".

En esas ocasiones en las que McAfee estaba orando, escuchaba a Tozer susurrar. Al abrir sus ojos para ver lo que sucedía, veía a Tozer, pluma en mano, escribiendo. Mientras McAfee oraba, Tozer tenía un pensamiento que no quería olvidar.

Tozer se reunía con el equipo de su iglesia regularmente para orar. Una vez, durante una reunión de oración del equipo, con Tozer inclinado hacia el piso en una profunda conversación con Dios, sonó el teléfono. Tozer interrumpió su oración para responder al teléfono. Tuvo una conversación de veintiún minutos con un pastor, dándole todo tipo de instrucciones y consejo que él mismo nunca seguía: tomar tiempos de descanso, salir de vacaciones, y cosas similares. El equipo estaba allí sentado escuchando y sonriéndose entre sí, porque Tozer nunca en su vida se había tomado vacaciones.

Al colgar el teléfono, Tozer recuperó su postura en el piso y continuó donde lo había dejado, diciendo: "Ahora, Dios, como decía...".

En otra ocasión, el Dr. Louis L. King, Tozer, y otros dos predicadores estaban participando en una oración de medio día. Uno de los predicadores era conocido por su discurso colorido y grandilocuente, tanto en sus predicaciones como en sus oraciones. Este hombre comenzó a orar por cierto líder mundial que a veces impedía la obra misionera. "Si no puedes cambiarlo", oraba el predicador, "¡entonces mátalo y llévatelo al cielo!". Después, Tozer tomó a King aparte. "¿Escuchaste cómo oró esta mañana?", le preguntó, con una expresión de dolor en su rostro. "'¿Llevarlo al cielo?'. Pero ni siquiera cree en Jesucristo. Eso no es orar. Estaba diciendo eso por nuestro propio beneficio. No podemos hablar con Dios de esa manera. Cuando nos acercamos a Dios, siempre deberíamos usar un lenguaje reverente. ¡Es a Dios, y no al hombre, a quien hablamos cuando oramos!".

UNA OCUPACIÓN SAGRADA

La oración, según Tozer, era la ocupación más sagrada en la que una persona puede participar. A menudo, cuando Tozer oraba, las personas sentían como si Dios estuviera junto a él. En ocasiones, se veían tentados a abrir sus ojos para mirar.

La oración de Tozer abarcaba tanto las pequeñeces como lo trascendental. Una vez, mientras King estaba de visita, Tozer tuvo que ir a comprar unas bombillas especiales para la iglesia. Antes de que ambos salieran de la oficina, Tozer quiso que se arrodillaran. De la forma más sencilla, oró: "Señor, no sabemos nada sobre bombillas". Y continuó, de una forma muy humana, pidiéndole a Dios sabiduría en un asunto tan trivial como la compra de unas bombillas.

Los campamentos bíblicos y las conferencias de verano eran una delicia especial para Tozer. Cada año, pasaba un tiempo considerable ministrando en esos lugares. Para él, toda la atmósfera era propicia para la oración y para acercarse a Dios.

Por lo general, él salía a caminar cada mañana por los bosques circundantes para encontrar un lugar donde orar. Arrodillándose junto a un tronco caído, pasaba tiempo en adoración y oración. De vez en cuando, otra persona lo acompañaba en esas rústicas reuniones de oración, y al comenzar, Tozer a menudo tenía algo que decir sobre ir a la presencia de Dios, que para él era siempre algo muy real e inmediato. Después, invariablemente decía: "Bueno, ¿por qué vamos a orar?". Después seguía un breve tiempo de hablar sobre temas de oración.

Por lo general, Tozer oraba primero.

Una mañana, la lluvia cambió sus planes, así que él y Robert W. Battles, un amigo íntimo que estaba compartiendo la plataforma de la conferencia con Tozer, se reunió con él en su cabaña a las nueve en punto. Cada uno se arrodilló en lados opuestos de una cama.

"Bueno, Junior", comenzó Tozer, "¿por qué quieres que oremos hoy?".

"Creo que deberíamos orar por estas personas que han venido a escucharnos predicar".

Los dos hombres conversaron sobre la oración y por qué y por quién debían orar. Entonces, Tozer comenzó a hablar acerca de Dios, la encarnación, la gloria y majestad de la Trinidad, la santidad, los cielos, los ángeles, la inmortalidad, la iglesia, y su misión en el mundo. Sin agenda, sin sentido del tiempo, solamente la maravillosa sensación de la presencia de Dios.

Entonces, antes de comenzar a orar, sonó la campana para ir a almorzar.

"¡Oh no!", se quejó Battles. "¡Ni siquiera hemos comenzado a orar y ya ha sonado la campana para el almuerzo!".

"Bueno, Junior. Nos reunimos para orar. ¿Sabes algo? Lo que hemos estado haciendo toda la mañana ha sido algo peligrosamente cercano a la oración".

Había ocasiones, mientras los dos hombres iban por el bosque caminando juntos en silencio, en que Tozer ponía una mirada distante, se le ensanchaban las fosas nasales y decía con solemnidad: "Junior, quiero amar a Dios más que cualquier persona de mi generación".

Al menos una vez, Tozer perdió toda la noción del tiempo mientras estaba en su cabaña orando. Llegó su momento de hablar, y nadie pudo encontrarlo. Otra persona tuvo que sustituirlo. Cuando Tozer finalmente apareció, solamente dijo que tenía una cita que era más importante.

ENFOQUE EN DIOS

Cuando estaba en oración, Tozer se desconectaba de todo y de todos, y se enfocaba en Dios. Sus mentores místicos le enseñaron eso. Le mostraron cómo practicar diariamente la presencia de Dios. Aprendió bien la lección.

La oración para Tozer estaba indisolublemente atada a la adoración. "La adoración", dijo Tozer en un frase larga muy poco característica de él, "hay que sentirla en el corazón y expresar de alguna manera apropiada un sentimiento humilde pero deleitoso de una maravilla admirativa, asombro impactante y amor abrumador en la presencia del Misterio más antiguo, esa majestad que los filósofos llaman la Primera Causa, pero que nosotros llamamos nuestro Padre en el cielo".

La adoración era el ímpetu detrás de todo lo que él era y hacía. Controlaba cada aspecto de su vida y de su ministerio. "La labor que no surge de la adoración", advertía él, "es vana y solo puede ser madera, heno, y hojarasca en el día en que toda obra del hombre será probada".

Rebelándose contra los frenéticos horarios que impedían a sus colegas de ministerio y otros cristianos adorar verdaderamente, Tozer escribió: "Estoy convencido de que la escasez de grandes santos en estos tiempos, incluso entre los que verdaderamente creen en Cristo, se debe al menos en parte a nuestra indisposición a dar un tiempo suficiente para cultivar el conocimiento de Dios. Nuestras actividades religiosas deberían ordenarse de tal modo, que nos dejaran mucho tiempo para cultivar los frutos de la soledad y el silencio".

Tozer amaba ardientemente los himnos, y en su biblioteca tenía una colección de viejos himnarios. A menudo, de camino a una cita, meditaba en uno de los viejos himnos.

"Consiga un himnario", decía frecuentemente cuando aconsejaba a otros, "¡pero no consiga uno que tenga menos de cien años de antigüedad!". Su iglesia en Chicago no usaba los *Himnos de la vida cristiana* de su denominación. En cambio, la congregación cantaba con un himnario de la Iglesia River Brethren. Tozer prefería este himnario en particular porque contenía más de los grandes himnos que tanto le gustaban, y disfrutaba oyendo a su pueblo cantarlos.

"Después de la Biblia", dijo en un artículo en *Alliance Life* dirigido a nuevos cristianos, "el siguiente libro más valioso es un buen himnario. Que todo cristiano nuevo pase un año meditando en oración en los himnos de Watts y Wesley solamente, y él o ella se convertirá en un gran teólogo". Entonces añadió: "Después, que esa persona lea una dieta equilibrada de los puritanos y los cristianos místicos. El resultado será más maravilloso de lo que hubiera podido soñar". Este era su patrón personal, año tras año.

Durante la década de 1950 Tozer encontró un espíritu gemelo en un plomero de Irlanda, Tom Haire, un predicador laico. Haire se convirtió en el tema de siete artículos que escribió Tozer para *Alliance Life* titulados "El plomero que ora desde Lisburn", después reeditado como un cuadernillo. No podía haber dos hombres que fueran más distintos, pero su amor por Dios y su sentido de la dignidad de Él los unía.

Una vez, mientras Haire estaba de visita en Chicago, la iglesia de Tozer estaba participando en una noche de oración y ayuno. Haire se unió a ellos. En medio de la noche, tuvo sed y salió por una taza de té. Algunos miembros de la iglesia sintieron que Tom, al hacer eso, había "cedido a la carne". Tozer no estuvo de acuerdo. Vio en ese acto la hermosa libertad que Tom disfrutaba en el Señor.

Justo antes de que Haire regresara a su tierra natal, pasó por Chicago para despedirse.

"Bueno, Tom", dijo Tozer, "imagino que regresa a Irlanda a predicar".

"No", respondió Tom con su marcado acento irlandés. "Mi intención es cancelar todas las citas durante los próximos seis meses y pasar ese tiempo preparándome para el tribunal de Cristo mientras aún puedo hacer algo al respecto". Esa era una actitud muy característica de Tozer también.

TOZER-GRAMAS

- Si una décima parte de un uno por ciento de las oraciones hechas en cualquier ciudad estadounidense cualquier día de reposo tuviera respuesta, el mundo experimentaría su mayor avivamiento a la velocidad de la luz. Parece que nos hemos acostumbrado a las oraciones que no producen nada. Dios todavía oye la oración, y todas sus promesas siguen siendo buenas, pero seguimos yendo a un ritmo bastante agonizante. ¿Puede alguien respondernos a esto?

- He sido lo suficientemente ingenuo para creer que nos hemos desilusionado con las penosas actuaciones de los famosos de hace unos años, y que nos habíamos recuperado de esa forma de psicología anormal que adoptamos de las películas, pero evidentemente, estaba siendo demasiado optimista. Como la malaria, lo volvemos a tener entre nosotros.

- La primera obra de verdad revelada es asegurar una entrega incondicional del pecador a la voluntad de Dios. Hasta que hayamos logrado eso, no se puede hacer nada realmente duradero. Tal vez el lector admire las ricas imágenes de la Biblia, sus osadas figuras y luchas de elocuencia apasionadas; quizá disfrute de sus tiernos pasajes musicales y se goce de su potente sabiduría, pero hasta que se someta a su plena autoridad sobre su vida, aún no ha asegurado ninguno de los bienes que contiene.

Oh Dios, he probado tu bondad, y a la vez me ha satisfecho y me ha hecho tener sed de más. Soy dolorosamente consciente de mi necesidad de mayor gracia. Me avergüenzo de mi falta de deseo. Oh Dios, el Trino Dios, quiero quererte; anhelo ser lleno de anhelo; tengo sed de tener aún más sed. Muéstrame tu gloria, te pido, para que te conozca bien. Comienza, en tu misericordia, una nueva obra de amor dentro de mí. Dile a mi alma: "Levántate, mi amor, mi justo, y sepárate". Después, dame la gracia para levantarme desde estas nublosas tierras bajas donde he vagado por tanto tiempo y seguirte. En el nombre de Jesús, amén.

ACERCA DE LOS AUTORES

A. W. Tozer (1897-1963) fue un teólogo autodidacta, pastor y escritor cuyas poderosas palabras continúan fascinando al intelecto y avivando el alma del creyente en la actualidad. Fue autor de más de cuarenta libros. *La búsqueda de Dios* y *El conocimiento del Dios santo* están considerados devocionales clásicos modernos. Conozca información y citas de Tozer en twitter.com/TozerAW.

El Revdo. James L. Snyder es un galardonado autor cuyos escritos se han publicado en más de ochenta revistas y quince libros. Es reconocido como una autoridad sobre la vida y el ministerio de A.W. Tozer. Su primer libro, *En la búsqueda de Dios: la vida de A.W. Tozer*, ganó el premio Readers' Choice de *Christianity Today* en 1992. Debido a su conocimiento tan profundo y detallado de Tozer, se concedieron a James los derechos patrimoniales de A.W. Tozer para producir libros nuevos derivados de sus más de cuatrocientas cintas de audio nunca antes publicadas. James y su esposa viven en Ocala, Florida. Conozca más en awtozerclassics.com, o contacte con James en jamessnyder51@gmail.com

www.ingramcontent.com/pod-product-compliance
Lightning Source LLC
Chambersburg PA
CBHW070537090426
42735CB00013B/3011